Wir leben nicht in Scham

Wir leben nicht in Scham

Wie Zugehörigkeit heilt, was Sucht zerbricht

unter der Aufsicht von
Ryan Canaday

Theologische Grundlagen

©Digital Theological Library 2025
©Digitale Theologische Bibliothek 2025

Internationale Lizenz CC BY-NC-ND 4.0
Dieses Werk ist lizenziert unter einer Creative Commons
Namensnennung–NichtKommerziell–KeineBearbeitungen 4.0
Internationalen Lizenz (CC BY-NC-ND 4.0).
Sie dürfen:

- Teilen — das von DTL erstellte Original-PDF kopieren und weiterverbreiten.

Unter den folgenden Bedingungen:

- Namensnennung — Sie müssen dem Urheber und DTL Press die angemessene Anerkennung geben.
- NichtKommerziell — Sie dürfen dieses Material nicht für kommerzielle Zwecke verwenden.
- KeineBearbeitungen — Wenn Sie das Material remixen, verändern oder darauf aufbauen, dürfen Sie das bearbeitete Material nicht verbreiten.

Library of Congress Cataloging-in-Publication Data
Bibliografische Katalogisierung der Library of Congress

Ryan Canaday (Ersteller).
[We Don't Do Shame: How Belonging Heals What Addiction Breaks / Ryan Canaday]
Wir leben nicht in Scham: Wie Zugehörigkeit heilt, was Sucht zerbricht / Ryan Canaday
153 + xiii Seiten. cm. 12,7 x 20,32
ISBN 979-8-89731-958-9 (Druckausgabe)
ISBN 979-8-89731-212-2 (Ebook)
ISBN 979-8-89731-224-5 (Kindle)

> 1. Selbsthilfe- und Genesungsbewegung — Religiöse Aspekte — Christentum.
> 2. Drogenmissbrauch — Religiöse Aspekte —Christentum.
> 3. Kirchliche Arbeit mit Suchtkranken.

BV4635 .C3612 2025

Dieses Buch ist in anderen Sprachen erhältlich unter www.DTLPress.com

Bild vom Autor mithilfe künstlicher Intelligenz erstellt.

Inhalt

Vorwort zur Reihe
vii

Vorwort des Autors
xiii

Einführung
1

Kapitel 1
Sucht ist die Wunde, die als Lösung getarnt ist
7

Kapitel 2
Familien an der Front
19

Kapitel 3
Kein moralisches Versagen
33

Kapitel 4
Scham ist ein Killer
43

Kapitel 5
Ehrlich sprechen, nicht belehren
55

Kapitel 6
Spirituelle Weisheit ohne religiösen Ballast lehren
65

Kapitel 7
Zuhören als radikaler Akt
77

Kapitel 8
Den Verletzten helfen, ohne den Retter zu spielen
89

Kapitel 9
Die Sprache der Hoffnung ohne den Blödsinn
101

Kapitel 10
Raum für Heilung, Genesung und spirituelle Verbindung schaffen
113

Kapitel 11
Räume radikaler Begrüßung
127

Kapitel 12
Praktiken, die bleiben
135

Kapitel 13
Langfristig im Spiel bleiben
145

Vorwort zur Reihe

Künstliche Intelligenz (KI) verändert alles, auch die theologische Wissenschaft und Lehre. Die Reihe „Theologische Grundlagen" soll das kreative Potenzial von KI in die theologische Ausbildung einbringen. Im traditionellen Modell verbrachte ein Wissenschaftler, der sowohl den wissenschaftlichen Diskurs beherrschte als auch erfolgreich im Unterricht tätig war, mehrere Monate – oder sogar Jahre – damit, einen Einführungstext zu schreiben, zu überarbeiten und neu zu schreiben. Dieser Text wurde dann an einen Verlag weitergeleitet, der ebenfalls Monate oder Jahre in die Produktion investierte. Obwohl das Endprodukt in der Regel recht vorhersehbar war, trieb dieser langsame und teure Prozess die Preise für Lehrbücher in die Höhe. Infolgedessen zahlten Studierende in Industrieländern mehr als nötig für die Bücher, und Studierende in Entwicklungsländern hatten meist keinen Zugang zu diesen (unerschwinglichen) Lehrbüchern, bis sie Jahrzehnte später als Ausschussware oder Spenden auftauchten. In früheren Generationen machte die Notwendigkeit der Qualitätssicherung – in Form von Inhaltserstellung, Expertenprüfung, Lektorat und Druckzeit – diesen langsamen, teuren und ausgrenzenden Ansatz möglicherweise unvermeidlich. KI verändert jedoch alles.

Diese Reihe ist ganz anders; sie wurde von KI erstellt. Der Einband jedes Bandes kennzeichnet das Werk als „unter Aufsicht" eines Experten auf dem jeweiligen Gebiet erstellt. Diese Person ist jedoch kein Autor im herkömmlichen Sinne. Der Autor jedes Bandes wurde von den DTL-Mitarbeitern im Umgang mit KI geschult und nutzte KI, um den angezeigten Text zu erstellen, zu bearbeiten, zu überarbeiten und neu zu gestalten. Nachdem dieser Erstellungsprozess klar definiert ist, möchte ich nun die Ziele dieser Reihe erläutern.

Unsere Ziele

Glaubwürdigkeit: Obwohl KI in den letzten Jahren enorme Fortschritte gemacht hat und weiterhin macht, kann keine unbeaufsichtigte KI einen wirklich zuverlässigen oder glaubwürdigen Text auf Hochschul- oder Seminarniveau erstellen. Die Einschränkungen KI-generierter Inhalte liegen manchmal in den Inhalten selbst (möglicherweise ist das Trainingsset unzureichend), häufiger jedoch ist die Unzufriedenheit der Nutzer mit KI-generierten Inhalten auf menschliche Fehler zurückzuführen, die auf mangelhaftes Prompt-Engineering zurückzuführen sind. Der DTL-Verlag versucht, beide Probleme zu lösen, indem er etablierte Wissenschaftler mit anerkannter Expertise für die Erstellung von Büchern in ihren Fachgebieten engagiert und diese Wissenschaftler und Experten in KI-Prompt-Engineering ausbildet. Um es klarzustellen: Der Wissenschaftler, dessen Name auf dem Cover dieses Werks erscheint, hat diesen Band geschaffen – er hat das Werk erstellt, gelesen, überarbeitet, wiedergelesen und überarbeitet. Obwohl das Werk (in unterschiedlichem Maße) von KI erstellt wurde, erscheinen die Namen unserer wissenschaftlichen Autoren auf dem Cover als Garantie dafür, dass der Inhalt ebenso glaubwürdig ist wie jede Einführungsarbeit, die dieser Wissenschaftler/Autor nach traditionellem Vorbild verfasst hätte.

Stabilität: KI ist generativ, d. h. die Antwort auf jede Eingabeaufforderung wird individuell für die jeweilige Anfrage generiert. Keine zwei KI-generierten Antworten sind exakt gleich. Die unvermeidliche Variabilität der KI-Antworten stellt eine erhebliche pädagogische Herausforderung für Professoren und Studenten dar, die ihre Diskussionen und Analysen auf der Grundlage eines gemeinsamen Ideenfundaments beginnen möchten. Bildungseinrichtungen benötigen stabile Texte, um pädagogisches Chaos zu vermeiden. Diese Bücher bieten diesen stabilen Text, auf dessen Grundlage gelehrt, diskutiert und Ideen vermittelt werden können.

Erschwinglichkeit: Der DTL-Verlag ist der Ansicht verpflichtet, dass Erschwinglichkeit kein Hindernis für Wissen darstellen sollte. Alle Menschen haben gleichermaßen das Recht auf Wissen und Verständnis. Daher sind E-Book-Versionen aller DTL-Verlagsbücher kostenlos in den DTL-Bibliotheken und als gedruckte Bücher gegen eine geringe Gebühr erhältlich. Unseren Wissenschaftlern/Autoren gebührt Dank für ihre Bereitschaft, auf traditionelle Lizenzvereinbarungen zu verzichten. (Unsere Autoren erhalten für ihre kreative Arbeit eine Vergütung, jedoch keine Tantiemen im herkömmlichen Sinne.)

Zugänglichkeit: DTL Press möchte hochwertige und kostengünstige Einführungslehrbücher weltweit für alle zugänglich machen. Die Bücher dieser Reihe sind ab sofort in mehreren Sprachen erhältlich. Auf Anfrage erstellt DTL Press Übersetzungen in weitere Sprachen. Die Übersetzungen werden selbstver-ständlich mithilfe künstlicher Intelligenz erstellt.

Unsere anerkannten Grenzen

Einige Leser werden sich möglicherweise fragen: "Aber KI kann doch nur bestehende Forschung zusammenfassen – sie kann keine originelle, innovative Wissenschaft hervorbringen." Diese Kritik ist weitgehend berechtigt. KI ist im Wesentlichen darauf beschränkt, vorhandene Ideen zu aggregieren, zu organisieren und neu zu formulieren – auch wenn sie dies in einer Weise tun kann, die zur Beschleunigung und Verfeinerung der wissenschaftlichen Produktion beiträgt. Dennoch möchte DTL Press zwei wichtige Punkte hervorheben: Einführende Texte sind in der Regel nicht dazu gedacht, bahnbrechend originell zu sein, sondern bieten eine fundierte Einführung in ein Fachgebiet. DTL Press bietet weitere Buchreihen an, die sich der Veröffentlichung von origineller Wissenschaft mit traditionellen Autorenschaften widmen.

Unsere Einladung

DTL Press möchte die akademische Publikationslandschaft in der Theologie grundlegend umgestalten, um wissenschaftliche Forschung zugänglicher und erschwinglicher zu machen – und zwar auf zwei Wegen. Erstens streben wir an, Einführungstexte für alle theologischen Fachbereiche zu generieren, sodass Studierende weltweit nicht mehr gezwungen sind, teure Lehrbücher zu kaufen. Unser Ziel ist es, dass Dozierende überall auf der Welt ein oder mehrere Bücher aus dieser Reihe als Einführungslektüre in ihren Kursen nutzen können. Zweitens möchten wir traditionell verfasste wissenschaftliche Monografien im Open Access (kostenfrei zugänglich) veröffentlichen, um auch fortgeschrittenen wissenschaftlichen Lesern hochwertigen Inhalt bereitzustellen.

Schließlich ist DTL Press konfessionell ungebunden und veröffentlicht Werke aus allen Bereichen der Religionswissenschaft und Theologie. Traditionell verfasste Bücher durchlaufen ein Peer-Review-Verfahren, während die Erstellung KI-generierter Einführungswerke allen Wissenschaftlern mit entsprechender Fachkompetenz zur inhaltlichen Überwachung offensteht.

Falls Sie das Engagement von DTL Press für Glaubwürdigkeit, Erschwinglichkeit und Zugänglich-keit teilen, laden wir Sie herzlich ein, mit uns die Welt des theologischen Publizierens zu verändern – sei es durch die Mitarbeit an dieser

Reihe oder an einer unserer traditionellen wissenschaftlichen Veröffent-lichungen.

Mit hohen Erwartungen,
Thomas E. Phillips
Geschäftsführer von DTL Press
www.DTLPress.com
www.thedtl.org

Vorwort des Autors

Einige der Geschichten in diesem Buch wurden mithilfe künstlicher Intelligenz erstellt. Sie vermitteln eine große Bandbreite gelebter Erfahrungen. Alle sprechen von den realen Fragen, Zweifeln, Kämpfen und Sehnsüchten, die das Leben mit Sucht und Genesung ebenso prägen wie den geistlichen Weg. Der Einsatz von KI auf diese Weise hilft auch, die Anonymität zu schützen und dennoch die Wahrheit des Kampfes zu erzählen.

Menschen, die gegen eine Sucht kämpfen – und ihre Angehörigen, die an ihrer Seite kämpfen – haben oft das Gefühl, sich nur noch mit Mühe über Wasser zu halten. Es gibt ein echtes Gefühl von Hoffnungslosigkeit und Verzweiflung. Die Geschichten auf diesen Seiten halten diese Spannung ehrlich aus, erinnern aber zugleich daran, dass es einen Weg aus dem Chaos gibt. Die Verzweiflung hat nicht das letzte Wort.

In meiner Arbeit und auf meinem eigenen Weg der Genesung begegne ich regelmäßig Geschichten wie diesen.

Ryan

Einführung

"Wir machen keine Scham"
"Ich bin Ryan. Ich bin Alkoholiker."

Das waren die schrecklichsten Worte, die ich je gesagt habe. Als ich sie das erste Mal aussprach, zitterte meine Stimme, meine Handflächen schwitzten, und meine Brust fühlte sich an, als würde sie einstürzen. Ich wollte nicht in diesem Raum sein. Ich wollte nicht zugeben, was aus mir geworden war. Ich war doch Pastor, verdammt noch mal, wie konnte ich derjenige mit versteckten Wodkaflaschen und schlaflosen Nächten sein? Mir schwirrte der Kopf vor Angst: Was würden sie denken? Was, wenn sie mich nicht wieder reinlassen? Wie konnte ich es so weit kommen lassen?

Als ich an der Reihe war, sagte ich die Worte trotzdem. Und in diesem fragilen Moment veränderte sich etwas … aber ich hatte auch panische Angst. Die Angst verschwand nicht, nur weil ich die Wahrheit sagte. Sie lastete schwer auf meiner Brust und erinnerte mich an jedes Versagen und jeden Zweifel. Und wer schon einmal in dieser Situation war, wer schon einmal das Harte gesagt, die Wahrheit eingestanden hat, von der er sicher war, sie würde ihn zerstören, der kennt diese Angst. Sie erschüttert einen bis ins Mark. Und ich sage Ihnen: Sie sind nicht verrückt, wenn Sie diese Angst empfinden, und Sie sind nicht allein damit. Angst verschwindet nicht über Nacht. Aber die Wahrheit auszusprechen, ist der erste Riss in der Rüstung der Scham.

Ich fühlte mich wie Jakob auf der Flucht, vor Gott, vor meiner Vergangenheit, vor mir selbst. In der Genesis ringt Jakob die ganze Nacht mit Gott und gesteht schließlich, als er bedrängt wird, seinen eigenen Namen: "Ich bin Jakob." Es ist, als ob Gott sagt: "Gut." Jetzt können wir mit der Wahrheit arbeiten. Am ersten Morgen sagte ich: "Ich bin Ryan. Ich bin Alkoholiker." Es war, als ob ich meinen Namen zum ersten Mal aussprach. Es war, als ob Gott flüsterte: "Gut. Wir haben noch einiges zu tun, aber du bist nicht mehr allein."

Dank der Gnade und der Führung von Menschen, die sich weigerten, der Scham das letzte Wort zu überlassen, bin ich seit dem 7. Januar 2013 trocken. Gott hat mich von der Sucht nach Alkohol befreit, aber nicht mit Blitzen oder perfekten Reden. Er hat es durch ehrliche Gespräche, unvollkommene Menschen und eine Gemeinschaft anderer Süchtiger und Alkoholiker in Genesung getan, die mir Raum gaben.

Deshalb gibt es die FREE Recovery Community. Wir haben FREE gegründet, weil zu viele Süchtige, ihre Angehörigen und spirituelle Flüchtlinge zum Schweigen gezwungen, beschämt, verurteilt oder mit dem Gefühl konfrontiert wurden, nicht dazuzugehören. FREE ist ein Ort, an dem wir das Schweigen der Sucht brechen, Raum für Heilung und Genesung schaffen und Raum für spirituelle Verbundenheit schaffen. Wir treffen uns nicht, um Religion auszuüben oder Traditionen zu bewahren. Wir treffen uns, weil niemand allein durch die Hölle gehen sollte.

Lassen Sie mich hier kurz einen Begriff definieren, der Ihnen in diesem Buch immer wieder begegnen wird: spirituelle Flüchtlinge. Spirituelle Flüchtlinge sind Menschen, die von der Religion übergangen, von Glaubensgemeinschaften verletzt, ausgeschlossen oder beschämt wurden. Sie haben das Gefühl, nicht in die Nähe der Kirche zu gehören, doch viele sehnen sich nach Verbundenheit, Gnade und Sinn. Manche gingen nicht aus Wut weg, sondern wurden durch Heuchelei, Verurteilung oder Schweigen hinausgedrängt. Sie suchen Gott, haben aber Angst vor den Orten, die behaupten, Gott zu repräsentieren.

Dieses Buch richtet sich an vier Personengruppen:
- Der Süchtige, der verzweifelt nach einem Ausweg sucht, aber Angst hat, die Wahrheit auszusprechen.
- Der geliebte Mensch eines Süchtigen, der geweint, verhandelt und an die Decke geschrien hat und sich gefragt hat, ob sich jemals etwas ändern wird.
- Der spirituelle Flüchtling, der durch die Religion verletzt wurde oder der noch nie einen Fuß in einen Glaubensraum gesetzt hat, sich aber nach etwas Größerem als dem Schmerz sehnt.
- Der Leiter, der ehrliche Gespräche führen möchte, aber nicht weiß, wo er anfangen soll. Sie möchten Süchtige, ihre Familien und spirituelle Flüchtlinge lieben, haben aber Angst, das Falsche zu sagen oder keine Antworten zu haben.

Sie werden hier keine einfachen Antworten finden. Sie werden unverblümte Gespräche über Sucht und Scham, über Gemeinschaft und Gnade, über das Setzen von Grenzen, über Zweifel, über Lachen und Tränen und zweite Chancen finden. Sie werden Geschichten von FREE finden: Standing Ovations für gebrochene Menschen, Tassen Kaffee, die Leben retten, und Samstagabende, an denen genesende Süchtige, erschöpfte Eltern und spirituelle Wanderer Seite an Seite sitzen. Aber Sie werden auch Geschichten jenseits von FREE finden: echte, ungeschönte Einblicke in den Kampf, den Menschen mit ihrer Sucht führen, den Schmerz, den ihre Angehörigen ertragen, und den stillen Mut, der nötig ist, um weiterzumachen, wenn sich scheinbar nichts ändert. Diese Geschichten sind nicht beschönigt oder harmlos; sie sind real, weil dieser Kampf real ist.

Was Sie in Ihren Händen halten, ist nicht nur ein Buch. Es ist eine Einladung. Eine Einladung, die erdrückende Last der Scham abzulegen. Aus dem Schweigen auszubrechen. Ein ehrliches Gespräch zu wagen. Räume zu schaffen, in denen Gnade dem Urteil davonläuft.

Ich weiß Folgendes: Gott fühlt sich durch Ihre Fragen nicht bedroht. Gott ist nicht abgestoßen von Ihrem Zusammenbruch. Gott steht nicht mit verschränkten Armen in der Ferne und wartet darauf, dass Sie sich wieder auf den Weg machen. Gott ist bereits hier, rennt durch das Chaos, durch die Trümmer auf Sie zu und flüstert: " Du bist nicht allein. Du hast schon immer dazugehört."

Kommen Sie, wie Sie sind – der Gebrochene, der Suchende, der Wütende, der Nüchterne, der Rückfällige, der Hoffnungsvolle, der Skeptische. Lassen Sie uns gemeinsam über die Trümmer sprechen. Wählen wir Verbundenheit statt Isolation. Wählen wir Gnade statt Scham. Denn die Wahrheit wird in jedem Kapitel dieses Buches und in jeder Ecke von FREE widerhallen: Wir kennen keine Scham.

Kapitel 1
Sucht ist die Wunde, die als Lösung getarnt ist

Der Schmerz unter der Oberfläche

Die Sucht schleicht sich nicht mit einem Namensschild ins Leben. Sie schleicht sich leise ein, manchmal als Erleichterung verkleidet, manchmal als Freude getarnt. Für viele fühlt sich der erste Drink oder Zug nach Jahren des Erstickens wie Sauerstoff an. Es funktioniert, zunächst. Die Angst lässt nach. Die Scham verstummt. Die Einsamkeit verschwindet. Was als Erleichterung beginnt, wird zur Routine. Routine verhärtet sich zu Bedürfnis. Das Bedürfnis wird zum Käfig. Bei der Sucht geht es selten um die Substanz selbst. Es geht um einen Schmerz, eine Wunde unter der Oberfläche, die nach Linderung verlangt.

Sucht kennt keine Unterschiede. Sie durchdringt jede Postleitzahl, jedes Bankkonto und jede Glaubenstradition. Sie erfasst Arbeiter und CEOs, gläubige Kirchgänger und spirituelle Skeptiker, Eltern und ihre Kinder. Ihr Lebenslauf, ihre Moralvorstellungen oder die Größe ihres Hauses sind ihr egal. Sucht ist ein Dieb aller Chancen, und diese Wahrheit zerstört den Mythos, dass "Menschen wie wir" vor ihr sicher sind.

Und an den Süchtigen, der dies liest: Ich sehe den Krieg, den du geführt hast. Die Nächte, in denen du um 3 Uhr morgens an die Decke starrst, dein Herz hämmert wie eine Trommel, die du nicht zum Schweigen bringen kannst. Die Morgen, von denen du geschworen hast, dass heute alles anders wird, nur um zur Mittagszeit erneut zu sehen, wie die Flasche oder die Nadel die Oberhand gewinnt. Die Spiegel, denen du aus dem Weg gegangen bist, weil sie eine Geschichte erzählen, deren Konfrontation du nicht ertragen kannst. Dein stilles Betteln, dein Flehen an Gott, das Universum, jeden, der zuhören könnte, damit es aufhört. Es fühlt sich an, als würdest du vor aller Augen ertrinken, als würdest du unter Wasser schreien, während die Welt weitergeht. Das ist keine Schwäche oder mangelnde Liebe für deine Familie. Das ist ein brutaler, tiefgreifender Kampf um dein Leben. Und selbst wenn du dich unsichtbar fühlst, dein Kampf wird gesehen, und du bist nicht allein.

Und an die Angehörigen des Süchtigen: Sie kennen diesen Kampf auch, nicht wahr? Sie sind um 2 Uhr morgens auf und ab gegangen und haben die perfekten Worte geprobt, die Ihnen vielleicht endlich den Durchbruch verschaffen. Sie sind an Bars oder heruntergekommenen Motels vorbeigefahren und haben mit flauem Magen den Parkplatz nach deren Auto abgesucht. Sie haben auf Ihr Telefon gestarrt und gehofft, dass es klingelt, ohne zu wissen, ob Stille Sicherheit oder Katastrophe bedeutet. Sie haben unter der Dusche geweint, damit es niemand hört, ins Lenkrad geschrien und bei der Arbeit ein Lächeln aufgesetzt, während Ihr Innerstes brannte. Sie haben Gebete gesprochen, die eher wie Verhandeln oder Flehen klangen, und Sie haben Gott verflucht, als sich nichts änderte. Sie tragen ihr Chaos in Ihrem eigenen Körper:

die zusammengebissenen Zähne, die flache Atmung, die niemals endende Erschöpfung. Dies ist nicht nur ihr Krieg; es ist Ihrer geworden. Und Sie sind nicht schwach, weil Sie sich gebrochen fühlen. Sie sind ein Krieger, der für sie Hoffnung hat, selbst wenn Ihre Hände zittern.

Hinter diesem Schmerz verbirgt sich oft etwas noch Tieferes: die spirituelle Trennung. Es ist die Leere, in der wir uns von allem Bedeutsamen abgeschnitten fühlen, von Gott, von anderen, von uns selbst. Sucht deutet oft auf diese spirituelle Trennung hin, ein verzweifelter Versuch, eine Leere zu füllen, die durch Substanzen nie gestillt werden kann. Das Ziel ist nicht nur, mit dem Konsum aufzuhören; es geht darum, den Weg zurückzufinden zu Verbundenheit, zum Leben, zur Liebe, zur Präsenz.

Der Mythos, den wir uns selbst erzählen

Wir sehnen uns nach einfachen Geschichten über komplizierten Schmerz. Sie sind nett. Sie lassen uns glauben, die Welt sei gerecht und überschaubar. Wenn es also um Sucht geht, wiederholen wir Mythen, die sicher klingen, aber es sind Lügen, die uns davon abhalten, die Realität zu sehen. Diese Mythen verzerren nicht nur die Realität, sie errichten Mauern zwischen uns und der Heilung. Sie erlauben uns, mit dem Finger auf andere zu zeigen, anstatt ihnen die Hand zu reichen. Sie lassen uns es uns bequem machen, anstatt uns dem Unbehagen der schmutzigen Wahrheit zu stellen. Wenn wir an diesen Mythen festhalten, hören wir auf, tiefergehende Fragen zu stellen. Wir hören auf zuzuhören. Wir distanzieren uns von den Menschen, die leiden. Und, was vielleicht am gefährlichsten ist, wir schneiden uns von der Möglichkeit des Mitgefühls ab, genau von dem, was die Macht der Scham brechen und die Arbeit der Wiederherstellung beginnen kann. Wenn wir als Einzelne, Familien und Gemeinschaften heilen wollen, müssen die Mythen fallen.

Mythos Nr. 1: Sucht kann auch andere betreffen.
Wir reden uns ein, es sei der Mann unter der Brücke oder die Frau, deren Fahndungsfoto in den Nachrichten gezeigt wird. Doch die Sucht hält Einzug in Wohnzimmer mit Familienfotos an der Wand. Sie schleicht sich in Vorstadtküchen, Eckbüros und Kirchenbänke. Sie kennt keine Einkommensklassen oder Sonntagsbesuchslisten. So zu tun, als sei die Sucht weit weg, schützt uns davor, uns ihrer Nähe zu stellen, vielleicht sogar ihren Spuren in unserer eigenen Familie.

Mythos Nr. 2: Sucht ist ein moralisches Versagen.
Es ist leichter zu glauben, dass Menschen trinken oder Drogen nehmen, weil sie schwach oder rücksichtslos sind. Wenn es nur schlechte Entscheidungen sind, müssen wir uns der härteren Wahrheit nicht stellen: Sucht verändert das Gehirn. Sie kapert Dopaminbahnen und Entscheidungsprozesse. Sie nährt sich von Traumata, Stress und Scham. Es als moralischen Verfall zu bezeichnen, mag uns ein gutes Gefühl geben, lässt die Verletzten aber im Stich.

Mythos Nr. 3: Wenn Sie uns wirklich lieben würden, würden Sie aufhören.

Dieser Fall zerstört Familien. Er suggeriert, dass fortgesetzter Konsum einem Mangel an Liebe gleichkommt. Doch die Person, die trinkt oder konsumiert, liebt ihre Mitmenschen oft innig, doch Liebe allein kann ein Gehirn, das in einem Teufelskreis aus Verlangen, Erleichterung und Scham gefangen ist, nicht überwinden. Sie entscheiden sich nicht für die Flasche oder die Spritze statt für ihre Familie. Sie verlieren einen inneren Kampf, den die meisten Außenstehenden nicht sehen.

Mythos Nr. 4: Wenn Ihr Glaube stark genug wäre, würde dies nicht passieren.

Einige Kirchen predigen diesen Mythos und machen aus Gebeten nur eine Leistung und aus Gott einen grausamen Buchhalter. Spirituelle Flüchtlinge tragen Narben davon, immer wieder "Bete einfach inständiger" oder "Beichte öfter" zu hören. Wenn die Heilung nicht sofort eintritt, gehen sie weg, weil sie glauben, dass die Gnade Grenzen hat. Doch das Versagen liegt nicht bei ihnen, sondern am Mythos selbst. Die Gnade lässt Menschen nicht in Entzugskliniken oder dunklen Gassen zurück. Die Gnade verlangt keine Perfektion, bevor sie Liebe schenkt. Diese Mythen halten sich hartnäckig, weil sie tröstlich sind. Sie halten die Welt einfach, die Schuldzuweisungen sauber und die Distanz intakt. Doch die Realität ist chaotischer und weitaus hoffnungsvoller. Sucht ist kein Urteil über den Wert eines Menschen. Sie ist ein aufblitzendes Signal des Schmerzes und ein Ruf nach Mitgefühl. Wenn wir diese Mythen zerstören, schaffen wir Raum für ehrliche Gespräche, bessere Unterstützung und die Art von Gemeinschaft, die Leben retten kann.

Geschichte
Der Küchentisch

An einem verregneten Dienstagabend saß Megan am Küchentisch und starrte auf den leeren Stuhl ihres Sohnes. Er war 28, ein brillanter Gitarrenspieler und seit zwei Monaten wieder auf Sauftour. Sie flüsterte sich den alten Refrain vor: "Wenn er mich wirklich lieben würde, würde er aufhören." Es war leichter, das zu glauben, als sich ihre Machtlosigkeit einzugestehen. Leichter, als sich der Angst zu stellen, dass nichts, was sie sagte, ihn nüchtern wieder zur Tür hereinbringen könnte. Wochen später fand sie sich in einem offenen Selbsthilfetreffen wieder, dorthin geschleppt von einem Freund, der gesagt hatte: "Setz dich einfach hin und hör zu." Ein Mann mittleren Alters mit zitternden Händen sagte: "Ich liebte meine Familie mehr als mein eigenes Leben. Aber als das Verlangen überkam, konnte mich die Liebe nicht mehr aufhalten. Ich zog die Flasche meinen Kindern nicht vor, ich ertrank und konnte nicht schwimmen."

Megan spürte, wie der Mythos zerbrach. Tränen kamen ihr, diesmal nicht aus Scham, sondern aus Erleichterung. Zum ersten Mal sah sie ihren Sohn nicht als Verräter, sondern als verletzten Mann in einem Käfig, den sein Verstand gebaut hatte. Sie konnte die Gitterstäbe nicht für ihn öffnen. Aber sie konnte anfangen, ihn zu lieben, ohne die Lüge, er würde sie betrunken. Sie konnte sich Unterstützung holen, lernen, Grenzen zu setzen, ohne ihm Vorwürfe zu machen, und mitfühlend statt anklagend mit ihm sprechen. In dieser Nacht erhielt Megan keinen Wunderanruf. Ihr Sohn kam nicht nüchtern zur Tür herein. Aber etwas in ihr veränderte sich. Die Trümmer waren noch immer real, aber auch die Hoffnung.

Warum es wichtig ist, der Wunde einen Namen zu geben

Wir können nicht heilen, was wir nicht benennen wollen. So zu tun, als sei Sucht "nur eine Phase" oder "eine Reihe schlechter Entscheidungen", hält alle gefangen, sowohl die Suchtkranken als auch ihre Angehörigen. Verleugnung ist verführerisch, weil sie vorübergehend Trost spendet. Doch jeder Tag des Leugnens schwärt die Wunde. Die Wunde zu benennen, bedeutet nicht, jemanden als hoffnungslos abzustempeln oder destruktives Verhalten zu entschuldigen. Es geht darum, die Wahrheit in einer Welt zu sagen, die von Halbwahrheiten lebt. Wenn wir die Sucht als das benennen, was sie ist – eine tiefe Wunde, umhüllt von Chemikalien und Verlangen –, verschieben wir das Schlachtfeld. Statt den Menschen zu bekämpfen, bekämpfen wir die Verzweiflung. Statt den Süchtigen zu beschämen, beschämen wir das Stigma.

"Wir sind nur so krank wie unsere Geheimnisse."

Familien vermeiden es oft aus Angst, die Wunde beim Namen zu nennen: aus Angst, dass das Aussprechen der Sucht sie real macht, aus Angst vor

Tratsch, aus Angst davor, die Hoffnung zerbröckeln zu sehen. Doch Schweigen schützt die Hoffnung nicht. Es lässt sie verhungern. Die Wahrheit auszusprechen, "Mein Partner trinkt wieder", "Meine Tochter nimmt Drogen", bricht den Bann der Heimlichkeit. Es öffnet die Tür zu Selbsthilfegruppen, Therapie, Genesungsgemeinschaften und aufrichtigen Gebeten, die nicht so tun, als wäre alles in Ordnung. Die Wunde beim Namen zu nennen, lässt alle Beteiligten atmen, selbst wenn die Luft noch nach Rauch riecht. Für spirituelle Flüchtlinge ist es sogar noch komplizierter, die Wunde beim Namen zu nennen. Vielen wurde gesagt, eine Sucht einzugestehen, bedeute ein Eingeständnis persönlichen Versagens oder spiritueller Schwäche. Seine Stimme wiederzuerlangen und zu sagen: "Das ist Sucht und nicht mein moralischer Zusammenbruch", ist ein Akt heiliger Rebellion gegen die Mythen, die einem geschadet haben.

Der Weg zur Hoffnung

Hoffnung ist kein Blitzschlag und kein glanzvolles Zeugnis. Sie explodiert nicht wie ein Feuerwerk in deinem Leben oder kommt in Gewissheit gehüllt an. Für viele Süchtige und ihre Angehörigen fühlt sich Hoffnung unmöglich an, wie eine Sprache, die man verlernt hat. Vielleicht liest du dies und fragst dich, ob sich jemals etwas ändern kann. Vielleicht hast du Freunde begraben, Versprechen gebrochen oder Brücken abgebrochen und fürchtest, Hoffnung ist für andere da. Hör zu: Deine Geschichte ist noch nicht vorbei. Hoffnung stößt vielleicht nicht die Tür ein, aber sie schlüpft leise durch die Ritzen, wenn du es zulässt. Sie zeigt sich auf kleine, unscheinbare Weise, die Leben rettet: die zitternde Stimme, die um Hilfe bittet, die unerwartete SMS mit "Ich denke an dich", der Fremde, der deinen Schmerz sieht und nicht wegschaut. Für den Süchtigen, der kaum noch durchhält, ist Hoffnung nicht nur ein Konzept, sie ist Sauerstoff. Für den geliebten Menschen, der erschöpft und verängstigt ist, ist sie der dünne Faden, der dich vor der Verzweiflung bewahrt. Sie ist kein Preis für die Würdigen, sondern ein Rettungsanker für die Verzweifelten. Sogar hier, in den Trümmern, greift die Hoffnung noch nach Ihnen.

"Ein Tag nach dem anderen."

Hoffnung wächst in Gemeinschaft. Isolation nährt Sucht. Verbundenheit lässt sie verhungern. Das bedeutet nicht, so zu tun, als wäre alles in Ordnung oder Schaden zu tolerieren. Es bedeutet, ehrlich, chaotisch, ängstlich, aber präsent zu sein. Genesungstreffen, Therapiekreise, vertraute Freunde, sogar Fremde mit kaffeefleckigen Pappbechern werden zu heiligen Orten, wenn die Menschen sich entscheiden, zu erscheinen und die Wahrheit zu sagen. Kapitulation ist der paradoxe Zugang. Nicht Kapitulation vor der Niederlage, sondern Kapitulation vor der Realität: "Ich kann das nicht alleine kontrollieren." Nicht umsonst ist dies der erste Schritt der 12 Schritte. Kontrolle ist die Droge unter der Droge. Familien versuchen, die Ergebnisse zu kontrollieren, Süchtige versuchen, das Verlangen zu kontrollieren, und beide enden erschöpft. Kapitulation garantiert keine sofortige Veränderung, aber sie schafft die Bedingungen, unter denen Veränderung möglich ist. Sie bricht den Käfig des Geistes auf und lässt Licht herein. Für spirituelle Flüchtlinge kommt Hoffnung oft von unerwarteter Seite: die Freundlichkeit eines Nachbarn, ein an die Badezimmerwand gekritzelter Genesungsslogan, ein Moment der Stille in der Natur. Es mag nicht wie der Glaube aussehen, den Sie zurückgelassen haben, aber das macht es nicht weniger heilig. Hoffnung ist kein ferner Preis für die Vollkommenen. Sie ist ein gegenwärtiger Begleiter der Gebrochenen. Je tiefer wir in dieses Buch eintauchen, desto mehr werden Sie feststellen, dass Hoffnung kein klarer, geradliniger Weg ist. Sie schlängelt sich durch Rückfälle, Enttäuschungen, Lachen und kleine Siege. Es erfordert Mut, immer wieder aufzutauchen, weiterzureden und sich immer wieder für Verbundenheit, statt Schweigen zu entscheiden. Selbst hier, in den Trümmern, ist die Hoffnung lebendig, und sie spricht Leben, wenn wir bereit sind zuzuhören.

Megans Geschichte ist kein Einzelfall. Sie ist die stille Realität hinter unzähligen verschlossenen Türen. Für jeden Menschen, der mit einer Sucht kämpft, gibt es ein Netz aus Eltern, Partnern, Geschwistern und Freunden, die den Atem anhalten, mit Gott verhandeln oder in ihren Köpfen immer wieder Streitgespräche führen. Sucht verletzt nicht nur den Trinkenden oder Konsumenten. Sie verbreitet Schmerz im ganzen Umfeld. Und allzu oft wird Familien geraten, entweder rücksichtslos zu retten oder sich völlig zu distanzieren, als wären das die einzigen Optionen. Doch es gibt einen anderen Weg: einen Weg der leidenschaftlichen Liebe, ohne sich selbst zu verlieren. Im nächsten Kapitel werden wir uns mit dem Chaos befassen, das Sucht in Familien verursacht, und untersuchen, wie sie ihre eigene Heilung finden können, selbst wenn der Ausgang ungewiss bleibt.

Reflexionsfragen zu Kapitel 1

Mythenzerstörung Ihrer eigenen Geschichte: Welche Mythen über Sucht ("Das passiert anderen Leuten", "Es ist ein moralisches Versagen", "Wenn du uns lieben würdest, würdest du aufhören" oder "Der Glaube hätte das richten sollen") haben Sie geglaubt oder ausgesprochen? Wie hat das Festhalten an diesem Mythos Ihre Einstellung zu sich selbst oder zu einer Person, die Sie lieben, geprägt?

Sich der Wunde stellen: Wenn Sie an die Metapher der Sucht als "eine Wunde, die als Lösung getarnt ist" denken, welche Erinnerungen, Gefühle oder persönlichen Erfahrungen weckt das in Ihnen? Wo könnten Verleugnung oder Schweigen Sie (oder Ihre Familie) davon abgehalten haben, die Wunde ehrlich zu benennen?

Die Trümmer sehen, ohne die Hoffnung zu verlieren: Megans Geschichte endete nicht mit einem wundersamen Telefonanruf. Wann in Ihrem Leben waren Sie versucht, unmittelbare Erfolge mit Hoffnung gleichzusetzen? Welche kleinen, düsteren Lebenszeichen, so unvollkommen sie auch sein mögen, übersehen Sie vielleicht gerade?

Hingabe statt Kontrolle: Kontrolle wird auch "die Droge unter der Droge" genannt. In welchem Bereich Ihres Lebens – ob Sie selbst Drogen nehmen oder jemanden lieben, der Drogen nimmt – könnte Hingabe Ihnen den Weg zu Heilung oder Verbundenheit öffnen? Wie würde Hingabe heute in der Praxis für Sie aussehen?

Kapitel 2
Familien an der Front
Lieben, ohne sich selbst zu verlieren

Der Anruf, den kein Elternteil möchte

Linda faltete gerade Wäsche zusammen, als das Telefon klingelte. Es war 2:13 Uhr morgens. Ihr Magen verkrampfte sich, bevor sie überhaupt abnahm. Die Stimme am anderen Ende, eine Krankenschwester aus der Notaufnahme, klang ruhig, aber bestimmt. Ihr 24-jähriger Sohn war bewusstlos in der Toilette einer Tankstelle gefunden worden. Er lebte noch, aber nur noch knapp. Während die Krankenschwester sprach, starrte Linda auf einen Stapel sauberer Handtücher auf dem Boden. Stunden zuvor hatte sie sich die Zukunft ihres Sohnes ausgemalt: Heirat, Kinder, Sonntagsessen. Jetzt konnte sie nur noch denken: Bitte, lieber Gott, lass ihn heute Nacht nicht sterben.

Auf der Fahrt ins Krankenhaus umklammerte Lindas Mann das Lenkrad so fest, dass seine Knöchel weiß hervortraten. Keiner von beiden sprach. Sie hatten alle Worte schon einmal ausgesprochen, Flehen, Drohungen, Versprechen, an die Decke gebrüllte Gebete. Sie hatten alles versucht, um ihren Sohn zu schützen: Kreditkarten sperren, sein Telefon orten, ihn anflehen, wieder in die Reha zu gehen. Jede neue Taktik fühlte sich an, als würde man die Flut mit einem Besen aufhalten. In diesem Moment wurde Linda etwas klar, das sie kaum zugeben konnte: Ihre Liebe konnte seine Sucht nicht besiegen.

Jemanden lieben, der ertrinkt

Einen Süchtigen zu lieben, fühlt sich an, als würde man auf einer Verwerfungslinie leben. Der Boden verschiebt sich ohne Vorwarnung. An einem Tag erhält man eine SMS, in der steht, dass der Süchtige clean und hoffnungsvoll ist. Am nächsten Tag herrscht Stille oder eine neue Krise. Familien werden hyperwachsam, halten Ausschau nach Gefahren, proben Reden und schmieden Pläne, um jemanden zu retten, der nicht immer gerettet werden will. Der emotionale Schleudertrauma hinterlässt blaue Flecken, die niemand sieht.

Die Schuldgefühle können erdrückend sein. Sie gehen jede Erinnerung noch einmal durch und suchen nach dem einzigen Fehler, der das alles ausgelöst hat: der Streit, den Sie nicht hätten führen sollen, die Warnsignale, die Sie übersehen haben, der Moment, in dem Sie "Nein" hätten sagen sollen. Sie fragen sich, ob Sie ein schlechter Elternteil, Partner oder Geschwister sind. Sie fragen sich, ob Ihre Liebe nicht genug war. Diese Schuldgefühle schleichen sich in jeden Winkel Ihres Lebens, in Ihre Arbeit, Ihre Freundschaften, sogar in Ihren Schlaf. Sie flüstern Ihnen zu, dass die Dinge nicht so wären, wenn Sie sie nur mehr geliebt, inniger gebetet oder stärker gewesen wären.

Mit der Zeit kann sich die Liebe zum Süchtigen wie eine eigene Sucht anfühlen. Man checkt mitten in der Nacht seine sozialen Medien, fährt an Orten vorbei, an denen er vielleicht konsumiert, und wartet darauf, dass auf dem Handy Neuigkeiten aufleuchten – gute oder schlechte –, denn selbst schlechte Nachrichten fühlen sich besser an als Schweigen. Man sagt seine Pläne ab, ihm zu helfen, seine Schulden zu begleichen oder wieder ein Chaos zu beseitigen, weil der Gedanke, nichts zu tun, unerträglich ist. Die Erleichterung, wenn er in Sicherheit ist, kann berauschend sein, und der Absturz, wenn er rückfällig wird, ist verheerend. Ohne es zu wollen, beginnt man, in seinem Chaos zu kreisen. Seine Höhen und Tiefen werden zu den eigenen.

Dieser Kreislauf ist erschöpfend und unhaltbar. Der Schmerz, den Sie in sich tragen, ist real, roh, schroff und schwer. Es kann sich anfühlen, als hätte er sich in Ihrer Brust festgesetzt, raubt Ihnen den Atem und raubt Ihnen die Freude. Er kann Ehen zerstören, Sie von Freunden isolieren und Sie an Ihrem eigenen Wert zweifeln lassen. Aber hören Sie: Ihr Schmerz ist nicht von Dauer, und er ist nicht die ganze Geschichte. Es gibt einen Ausweg, keine schnelle Lösung oder einfache Antwort, sondern einen Weg, der damit beginnt, loszulassen, was Sie nicht kontrollieren können, Unterstützung zu finden und Ihre eigenen Wunden zu pflegen. Sie müssen nicht in ihrem Chaos verschwinden oder von Verzweiflung verzehrt werden. Auch Sie können heilen. Sie sind nicht unheilbar gebrochen, und Sie sind in diesem Kampf nicht allein.

Der Mythos der totalen Verantwortung

Viele Angehörige glauben insgeheim, sie könnten ihren Körper wieder in Ordnung bringen, wenn sie nur mehr täten, inniger beteten, mehr liebten und strengere Regeln durchsetzten. Dieser Glaube ist verführerisch, denn er fühlt sich wie Kontrolle in einer Welt an, die außer Kontrolle gerät. Doch es ist eine gefährliche Illusion. Die alleinige Verantwortung für die Sucht eines anderen kann Familien still und heimlich zerstören. Sie zerrüttet Ehen, bringt Geschwister gegeneinander auf und lässt Eltern in Schuldgefühlen ertrinken.

Dieser Mythos wird oft durch kulturelle und sogar religiöse Botschaften genährt, die Selbstaufopferung verherrlichen: "Gute Eltern geben nicht auf", "Ein treuer Ehepartner hört nie auf zu kämpfen", "Wenn du sie wirklich lieben würdest, würdest du sie retten." Aber jemanden zu retten ist nicht dasselbe wie ihn zu lieben. Sucht ist keine mathematische Gleichung, bei der mehr Anstrengung eine Lösung garantiert. Sie können nicht an jedem Treffen für sie teilnehmen, an ihrer Stelle entgiften oder sich in ihrem Namen für die Abstinenz entscheiden.

Wenn Sie die volle Verantwortung übernehmen, geraten Sie in einen Teufelskreis aus Panik und Erschöpfung. Sie sagen Verabredungen ab, verheimlichen das Verhalten Ihres Angehörigen vor Freunden oder Plündern Ihr Sparkonto für schnelle Lösungen, nur um dann bei einem Rückfall die erdrückende Last des Versagens zu spüren. Dieses Muster heilt Ihren Angehörigen nicht. Es vertieft nur Ihre eigenen Wunden und schürt den Groll auf beiden Seiten. Der Groll baut sich langsam auf: Sie entwickeln Verbitterung gegenüber dem Süchtigen, weil er "alles ruiniert" hat, und er beginnt, Ihnen zu grollen, weil Sie sein Leben bis ins kleinste Detail regeln, obwohl er auf Ihre Hilfe angewiesen ist. Es vergiftet die Kommunikation, jedes Gespräch wird zu einer Landmine. Der Süchtige schlägt vielleicht aus Wut oder Scham um sich, während der Angehörige kalt, sarkastisch oder verschlossen wird. Mit der Zeit kann die Beziehung nicht mehr von Liebe, sondern von unausgesprochenen Schuldzuweisungen und stiller Wut geprägt sein.

Groll ist ein Dieb: Er raubt Zärtlichkeit, untergräbt Vertrauen und isoliert alle Beteiligten. Sich vom Mythos der totalen Verantwortung zu lösen, bedeutet nicht, dass Sie sich nicht mehr um Ihren geliebten Menschen kümmern oder sich von ihm abwenden. Es bedeutet, dass Sie aus dem Kreislauf ausbrechen, der Sie beide immer wieder verletzt. Es bedeutet, dass Sie Ehrlichkeit statt Kontrolle und Mitgefühl statt Bitterkeit wählen. Es bedeutet, dass Sie Ihrem geliebten Menschen Raum geben, Verantwortung für seine Genesung zu übernehmen, während Sie selbst Verantwortung für Ihre eigene Heilung übernehmen. Dieser Wandel geschieht nicht über Nacht, aber er ist der erste Schritt zu Beziehungen, die auf Würde statt auf Verzweiflung basieren.

Grenzen sind kein Verrat

Grenzen werden oft als Ablehnung oder Bestrafung missverstanden. In Wirklichkeit sind sie das Gegenteil: Sie sind eine leidenschaftliche, bewusste Form der Liebe. Eine Grenze sagt: "Ich werde nicht in deinem Chaos verschwinden, sondern ganz ich selbst hierbleiben und Liebe anbieten, ohne mich selbst zu verlieren."

Grenzen zu setzen ist nicht einfach. Es ist normal, Schuldgefühle, Angst oder Selbstzweifel zu haben. Den meisten von uns wurde nie beigebracht, wie man Grenzen ohne Scham oder Wut einhält, und wenn es um jemanden geht, den man sehr liebt, kann es sich fast unmöglich anfühlen. Mit Grenzen zu kämpfen, bedeutet nicht, schwach oder lieblos zu sein. Es zeigt, dass man ein Mensch ist. Das Unbehagen, das man empfindet, ist ein Zeichen dafür, wie sehr man sich um jemanden sorgt, und kein Beweis dafür, dass Grenzen falsch sind.

Ohne Grenzen können Familien zu einer Erweiterung der Sucht werden: Sie decken Lügen, zahlen Schulden ab, erfinden Ausreden oder tolerieren Schaden. Mit der Zeit leben alle im Haushalt im Überlebensmodus, gehen Explosionen auf Zehenspitzen aus dem Weg und tragen Scham mit sich herum, die nicht zu ihnen gehört.

Gesunde Grenzen verhindern, dass die Sucht die ganze Familie auffrisst. Sie ziehen Grenzen, die die emotionale, körperliche und finanzielle Sicherheit schützen. Sie senden auch eine starke, unausgesprochene Botschaft: "Deine Sucht zeigt nicht die ganze Wahrheit darüber, wer du bist, aber sie darf auch nicht mein Leben kontrollieren."

Beispiele für Grenzen in Aktion:

"Ich liebe dich und werde zuhören, aber ich lasse mir weder Drohungen noch Beleidigungen an den Kopf werfen."

"Wenn Sie aktiv konsumieren, können Sie hier nicht bleiben, aber ich werde Ihnen helfen, ein Treffen oder eine Unterkunft zu finden."

"Ich gebe Ihnen kein Geld, aber ich hole Sie von der Behandlung ab."

Grenzen sind kein Verrat. Sie sind eine Art zu lieben, ohne zu erlauben. Sie schaffen Raum für Verantwortung und Würde. Anfangs können sie Wut auslösen. Süchtige testen Grenzen oft aus, um zu sehen, ob alte Muster wiederkehren. Bleiben Sie standhaft. Mit der Zeit können Grenzen zum Rahmen werden, in dem Vertrauen, Ehrlichkeit und echte Heilung Wurzeln schlagen.

Grenzen können auch mit Scham verwechselt werden. Wenn Sie eine Grenze ziehen, könnte der Empfänger um sich treten, schreien und um sich schlagen wie ein Kind, das sich in die Enge getrieben fühlt. Er könnte Ihnen vorwerfen, ihn im Stich gelassen oder nicht genug geliebt zu haben. Diese Reaktion ist Teil des Chaos, das die Sucht erzeugt, und kein Beweis dafür, dass Sie ihn beschämen. Scham sagt: "Du bist wertlos." Eine Grenze sagt: "Du bist wertvoll, aber ich werde nicht zulassen, dass dein Chaos uns beide zerstört." Es ist wichtig, den Unterschied zu kennen. Grenzen zu ziehen ist ein Akt der Würde und Liebe, nicht der Demütigung oder Verurteilung.

Finden Sie Ihre eigene Genesung

Die Weisheit der 12 Schritte besagt: "Auch Familienmitglieder brauchen Genesung", und das stimmt. Gruppen wie Al-Anon oder Nar-Anon existieren nicht, um den Süchtigen zu heilen, sondern um Familien zu helfen, ihre eigenen Wunden zu heilen. Therapie, vertrauensvolle Freundschaften und spirituelle Praktiken können ebenfalls ein Rettungsanker bieten.

Doch 12-Schritte-Programme sind nicht der einzige Weg. Es gibt andere wirksame und sinnvolle Wege der Genesung, Glaubensgemeinschaften, säkulare Selbsthilfegruppen, therapieorientierte Modelle und alternative Genesungsgemeinschaften. Es kommt nicht darauf an, den "richtigen" Weg zu finden, sondern den Weg, der Ihnen wirklich hilft, zu heilen und Kontakte zu knüpfen. Der Schlüssel liegt darin, herauszufinden, was für Sie und Ihre Familie funktioniert, und sich daran zu erinnern, dass Sie nicht auf eine einzige Methode festgelegt sind.

Für spirituelle Flüchtlinge, die durch Religion Schaden erlitten haben und eine schwere Last mit sich herumtragen, kann diese Reise besonders kompliziert sein. Vielen wurde von religiösen Autoritäten gesagt, ihr Schmerz sei die Folge von schwachem Glauben oder moralischem Versagen. Sie schrecken vielleicht vor Worten wie "Gott" oder "Kirche" zurück, weil diese Wörter Wunden statt Trost stiften. An die spirituellen Flüchtlinge: Ihr Zögern ist verständlich. Ihr Kampf um Vertrauen ist nicht Rebellion oder Bitterkeit, sondern das Narbengewebe vergangenen Leids. Dieses Buch sieht Sie. Es würdigt die Last, die Sie tragen, und lädt Sie ein, ohne Scham und Druck Heilung zu suchen.

Spirituelle Flüchtlinge müssen möglicherweise schädliche religiöse Botschaften verlernen, um diese Hilfe anzunehmen. Ihnen wurde vielleicht gesagt, dass

Selbstfürsorge egoistisch sei oder dass Liebe endlose Opfer bedeute. Aber gesunde Liebe beinhaltet, sich um sich selbst zu kümmern. Ihr Schmerz ist wichtig. Ihre Geschichte ist wichtig. Und Sie können nicht aus einer leeren Tasse einschenken.

Hoffnung ohne Illusionen aussprechen

Jemanden mit einer Sucht zu lieben bedeutet, zwei Wahrheiten gleichzeitig zu akzeptieren: die Realität des Scheiterns und die Möglichkeit der Erlösung. Hoffnung ist kein Märchenende oder blinder Optimismus. Sie ist die stille Entscheidung, an die Möglichkeit einer Veränderung zu glauben, auch wenn die Beweise dürftig erscheinen. Sie ist die Weigerung, die Verzweiflung das letzte Kapitel bestimmen zu lassen.

Wahre Hoffnung erkennt Rückfälle, Enttäuschungen und Herzschmerz an. Sie beschönigt den Schmerz nicht und verwischt nicht die Grenzen, die Sie einhalten müssen. Stattdessen flüstert sie: "Auch hier kann noch etwas Gutes wachsen."

Für spirituelle, aber nicht religiöse Menschen hat diese Art von Hoffnung nichts mit Dogmen zu tun. Es geht um Verbundenheit. Es ist der heilige Funke, der auch dann aufflammt, wenn man Kirchen, Predigern oder klaren Antworten nicht vertraut. Und wenn Sie Groll gegen die Religion oder diejenigen hegen, die den Glauben als Waffe benutzt haben, ist Ihr Schmerz berechtigt. Die Wunden, die Sie spüren, sind real. Vielleicht wurden Sie verurteilt, ausgeschlossen oder für unwürdig erklärt, und jetzt schmecken Ihnen selbst Worte wie "Gott" oder "Gebet" bitter auf der Zunge.

Dieser Schmerz schließt Sie nicht von der Gnade aus, sondern zeigt, wie sehr Sie sich nach etwas Wahrem sehnen.

Loslassen bedeutet nicht, so zu tun, als hätte nichts wehgetan. Es löscht weder den Verrat noch die Wut aus. Es bedeutet, sich zu entscheiden, nicht zuzulassen, dass Groll die lauteste Stimme in Ihrem Leben ist. Manchmal bedeutet es, das, was Sie vergiftet hat, abzulegen, nicht um es zu entschuldigen, sondern um zu verhindern, dass es Sie definiert. Vielleicht müssen Sie alte Gottesbilder loslassen, die zu klein oder grausam waren, die Ihnen sagten, Sie würden nie den Anforderungen genügen. Vielleicht müssen Sie einige der Lügen, die Ihnen aufgetischt wurden, begraben, damit etwas Neues entstehen kann. Das ist keine Schwäche, sondern mutige, tiefgründige Arbeit.

Echte Hoffnung klingt wie:

"Ich glaube, dass man sich erholen kann, auch wenn man stolpert."

"Ich werde dich lieben, aber ich werde deine Sucht nicht ermöglichen."

"Dein schlimmster Tag definiert dich nicht."

"Auch wenn die Religion Ihnen weh tut, hat Gott Sie nicht verlassen. Es gibt immer noch einen Ort, an den Sie gehören."

"Ihr Schmerz als geliebter Mensch ist wichtig, und Sie dürfen heilen, auch wenn Ihr Partner noch kämpft."

Die Entscheidung, leidenschaftlich zu lieben und loszulassen

Lindas Sohn überlebte diese Nacht. Er erlitt einen weiteren Rückfall, bevor er sich dauerhaft erholte. Linda und ihr Mann schlossen sich einer Al-Anon-Gruppe an, wo sie lernten, nicht mehr jeden Moment zu überwachen, sondern sich um ihr eigenes Herz zu kümmern. Sie entdeckten, dass leidenschaftliche Liebe nicht bedeutet, sich selbst zu verlieren. Es bedeutet, Mitgefühl zu zeigen, ohne den Verstand aufzugeben, für andere da zu sein, ohne die Seele zu opfern.

Nicht jeder erlebt einen Rückfall. Manche Menschen erholen sich und fangen nie wieder an, Drogen zu nehmen. Doch für viele Suchtkranke ist ein Rückfall oft Teil des Weges. Ein Rückschlag macht Fortschritte oder Werte nicht zunichte. Er ist kein Beweis für Hoffnungslosigkeit. Er zeigt, wie mächtig eine Sucht sein kann und wie viel Unterstützung und Ausdauer eine Genesung erfordert. Für die Angehörigen ist diese Wahrheit schmerzhaft. Sie kann sich wie Verrat oder Versagen anfühlen. Doch ein Rückfall kann auch eine Lehre sein: eine Erinnerung daran, dass Heilung selten geradlinig verläuft und Hoffnung nicht allein von ununterbrochenem Erfolg abhängen kann.

Sich für leidenschaftliche Liebe und Loslassen zu entscheiden, bedeutet, die Illusion aufzugeben, dass die eigene Kontrolle oder die perfekte Leistung des anderen die Zukunft bestimmt. Diese Illusion fühlt sich sicher an, wie ein Rettungsanker im Sturm; man klammert sich daran, denn Loslassen fühlt sich an, als würde man ohne Fallschirm von einer Klippe springen.

Sie flüstert einem zu, dass man das Ergebnis beeinflussen kann, wenn man nur ihre SMS liest, ihr Auto durchsucht oder die richtige Drohung ausspricht. Sie verspricht, dass deine Wachsamkeit ausreicht, um sie am Leben zu erhalten. Doch die harte, herzzerreißende Wahrheit ist, dass Kontrolle eine Fata Morgana ist. Man kann betteln, feilschen, überwachen und flehen und trotzdem zusehen, wie sie rückfällig werden. Man kann sich in ihrem Chaos verlieren und sie trotzdem nicht retten. Die Angst vor dem Loslassen ist real und sie schneidet tief. Es fühlt sich an wie Verrat, als würde man sie in ihrer dunkelsten Stunde im Stich lassen. Doch Loslassen heißt nicht aufgeben, es ist der mutige Akt, sich zu weigern, mit ihnen zu ertrinken. Es heißt, mit offenem Herzen am Ufer zu stehen und zu sagen: "Ich werde dich lieben, aber ich kann nicht für dich schwimmen." Wenn Sie Ihren Griff lockern, schaffen Sie Raum für Gnade, für Gemeinschaft und für die Möglichkeit, dass Ihr Kind alleine schwimmen lernt. Loslassen ist furchterregend, aber es ist der einzige Weg, um zu verhindern, dass die Sucht Sie ganz verschlingt.

Wenn Sie als Elternteil, Ehepartner, Geschwister oder Freund an vorderster Front stehen, dann hören Sie: Sie sind nicht allein. Sie versagen nicht, weil Sie die Situation nicht ändern können. Ihre Liebe ist nicht vergeblich. Sie können tiefe Anteilnahme zeigen und trotzdem Abstand gewinnen. Und selbst im Chaos, selbst wenn der Ausgang ungewiss ist, gibt es Hoffnung – für die Betroffenen und für Sie.

Im weiteren Verlauf führt uns Kapitel 3 in die Denkweise der Sucht selbst: Warum es sich dabei nicht um ein moralisches Versagen, sondern um eine Besessenheit des Geistes handelt, einen Käfig, den nur durch Hingabe und Bindung zu öffnen beginnen kann.

Reflexionsfragen zu Kapitel 2

Grenzen und Liebe: Denken Sie an eine Zeit zurück, in der es Ihnen unerträglich oder "lieblos" erschien, Grenzen zu setzen oder auch nur darüber nachzudenken. Welche Gefühle (Angst, Schuld, Wut) hat das in Ihnen ausgelöst? Wie könnte es Ihre Sichtweise auf Grenzen verändern, wenn Sie sie als Akt der Liebe und nicht als Ausdruck von Ablehnung betrachten?

Hoffnung ohne Garantien: Denken Sie an einen Moment zurück, in dem Hoffnung unmöglich schien. Was hat Ihnen geholfen, an der Vorstellung festzuhalten, dass Heilung oder Veränderung noch möglich sein könnten? Wie verändert es Ihre Erwartungen, wenn Sie Hoffnung als eine beständige, ruhige Entscheidung und nicht als ein perfektes Ergebnis betrachten?

Der Realität eines Rückfalls ins Auge sehen: Ein Rückfall macht Fortschritte nicht zunichte, aber der Schmerz ist real. Wie lässt sich der Kummer über Rückschläge mit der Tatsache vereinbaren, dass die Genesung selten geradlinig verläuft? Wie könnte man auf einen Rückfall mit Ehrlichkeit und Mitgefühl reagieren – für sich selbst und für den geliebten Menschen?

Ihr eigener Heilungsweg: Denken Sie über Ihr eigenes Bedürfnis nach Heilung nach, unabhängig von den Entscheidungen Ihres Angehörigen. Wo müssen Sie möglicherweise die Kontrolle abgeben, Unterstützung suchen oder sich um sich selbst kümmern? Welche konkreten Schritte könnten Sie diese Woche unternehmen (einer Gruppe beitreten, sich an einen Freund wenden oder einfach nur ausruhen), um Ihre eigene Genesung zu unterstützen?

Kapitel 3
Kein moralisches Versagen
Wenn der Geist zum Käfig wird

Der erfolgreiche Mann, den niemand verdächtigte

Marcus war ein Typ, um den ihn alle beneideten. Ein fester Job, eine lächelnde Familie auf Weihnachtsfotos und ein ehrenamtlicher Job in der örtlichen Lebensmittelausgabe. Er war der Typ, der sich an Geburtstage erinnerte und früh kam, um Freunden beim Umzug zu helfen. Niemand sah den Whiskey, der hinter Farbdosen in der Garage versteckt war. Niemand wusste von den Morgenstunden, an denen er sich unter der Dusche übergab, oder von den Nächten, in denen er an die Decke starrte und sich versprach, morgen damit aufzuhören. Marcus war kein schlechter Kerl. Er war nicht schwach, faul oder rücksichtslos. Er ertrank in einem Käfig, den er sich selbst in den Kopf gebaut hatte – einem Käfig, den niemand sonst sehen konnte.

Als seine Frau die Flaschen fand, waren ihre ersten Worte: "Wie konntest du uns das antun?" Marcus spürte, wie die Scham wie eine Flutwelle über ihn hereinbrach. Er wollte erklären, dass er es auch hasste, dass jeder Schluck Erleichterung und Selbstverrat zugleich war. Doch die Scham raubte ihm die Stimme. Wie so viele andere trug er die unausgesprochene Überzeugung in sich, dass die Sucht ein Beweis für sein moralisches Versagen sei.

Die Lüge des moralischen Versagens

Die Gesellschaft liebt eine klare Geschichte: Gute Menschen treffen gute Entscheidungen, schlechte Menschen schlechte. Sucht zerstört diese Geschichte. Sucht ist nicht einfach die Entscheidung, etwas Falsches zu tun. Sie ist kein Beweis für einen schwachen Charakter oder einen defekten moralischen Kompass. Sucht ist eine Besessenheit des Geistes, eine Neuverdrahtung des Belohnungssystems des Gehirns, die selbst die stärksten, freundlichsten und prinzipientreuesten Menschen in die Falle lockt.

Seit Generationen wird Sucht als Charakterfehler, Schwäche oder bewusste Entscheidung zur Selbstzerstörung abgestempelt. Wir haben Scham als Waffe eingesetzt, weil wir glaubten, sie könne Menschen durch Angst dazu bringen, sich zu ändern. Wir haben über den "betrunkenen Onkel" getuschelt, über den "Junkie von nebenan" getratscht und den Kopf geschüttelt, als könne die moralische Überlegenheit unserer Missbilligung jemandes Schmerz lindern. Doch diese Lüge, Sucht sei ein moralisches Versagen, hat Leben zerstört. Sie hat Menschen noch tiefer in die Heimlichkeit getrieben, ihnen Angst gemacht, um Hilfe zu bitten, und sie davon überzeugt, dass es keine Rettung mehr gibt. Die Wahrheit ist einfacher und härter: Sucht bedeutet nicht, ein schlechter Mensch zu sein. Sucht entsteht, wenn ein verletzter Geist von Verlangen und Zwang vereinnahmt wird.

Moralisches Versagen legt nahe, dass es eine einfache Lösung gibt: Sei einfach besser, streng dich mehr an, widerstehe der Versuchung. Doch jeder, der schon einmal gegen eine Sucht gekämpft hat oder jemanden geliebt hat, der darunter gelitten hat, weiß, dass es nicht so einfach ist. Die Person, die Sie lieben, möchte vielleicht unbedingt aufhören. Sie hat vielleicht panische Angst davor, was sie sich und anderen antut. Doch ihr Verstand ist gekapert. Ihm zu sagen, er solle einfach aufhören, ist, als würde man jemandem, der in einem Käfig eingesperrt ist, sagen, er solle einfach rausgehen.

Wenn der Geist zum Käfig wird

Sucht ist nicht nur eine Gewohnheit oder eine Reihe schlechter Entscheidungen. Sie ist eine neurologische Übernahme. Substanzen fluten das Gehirn mit Dopamin, dem Botenstoff für Freude und Belohnung. Zunächst fühlt sich das wie Erleichterung an: Die Angst lässt nach, die Traurigkeit vergeht, die Leere füllt sich. Doch mit der Zeit passt sich das Gehirn an. Die normalen Bahnen für Freude und Motivation verkümmern, und nur eine Tür bleibt offen: die Substanz. Diese Veränderung ist kein moralischer, sondern ein biologischer Zusammenbruch.

Wenn sich die Chemie des Gehirns verändert, wird Willenskraft wie ein Papierschlüssel gegen Eisenstangen. Selbst wenn jemand wirklich aufhören will, schreit das Gehirn nach Überleben: Mehr davon. Tu, was immer nötig ist. Deshalb riskieren Menschen Jobs, Beziehungen und sogar ihre Freiheit, weil ihr Nervensystem so umprogrammiert wurde, dass die Substanz als lebensnotwendig gilt. Der Käfig ist unsichtbar, aber seine Gitterstäbe sind stark: Verlangen,

Auslöser, Angst vor Entzugserscheinungen und die tiefe Scham, die sie davon überzeugt, dass sie nicht mehr zu retten sind.

Der Käfig zieht sich immer weiter zu, weil die Sucht das Gedächtnis und die Entscheidungsfindung beeinträchtigt. Der Verstand beginnt, die Realität umzuschreiben: "Ich kann schon mit einer auskommen", "So schlimm ist es nicht", "Morgen ist alles anders." Diese Rationalisierungen sind keine bewussten Lügen; sie sind der verzweifelte Versuch des Gehirns, seine chemischen Prozesse zu rechtfertigen.

Für Familienmitglieder kann das zum Wahnsinn werden. Von außen betrachtet wirkt es wie Verrat oder Gleichgültigkeit. Von innen fühlt es sich an, als würde man ertrinken und dabei so tun, als würde man schwimmen. Marcus beschrieb es einmal so: "Es war nicht so, dass mir meine Familie egal gewesen wäre. Sie war mir so wichtig, dass es wehtat. Aber mein Gehirn fing an zu schreien, und die Flasche schien der einzige Weg zu sein, es zu stoppen. Ich hasste es, selbst als ich danach griff."

Sucht als Käfig zu verstehen, entschuldigt kein schädliches Verhalten. Aber es gibt dem Kampf einen neuen Rahmen. Es verlagert die Geschichte von schlechten Entscheidungen eines schlechten Menschen auf einen kranken Geist, der Heilung und Verbindung braucht. Den Käfig zu erkennen ist der erste Schritt, um seine Tür zu öffnen.

Teufelskreis der Scham durchbrechen

Scham nährt die Sucht. Sie überzeugt Menschen, dass sie keine Hilfe verdienen. Sie sagt ihnen, dass sie keine zweite oder zehnte Chance verdienen. Doch die Wahrheit ist: Man kann niemanden durch Scham heilen. Und man kann sich selbst auch nicht durch Scham heilen. Heilung beginnt, wenn Scham durch Ehrlichkeit und Verbundenheit ersetzt wird.

Wenn Sie dies lesen und den Kampf gegen die Scham kennen, die nächtlichen Versprechen, aufzuhören, die Morgen, an denen Sie geschworen haben, dass heute alles anders sein würde, die versteckten Flaschen oder Nadeln, von denen Sie geschworen haben, dass sie die letzten sein würden, dann sind Sie nicht defekt. Sie sind nicht irreparabel kaputt. Scham will Sie zum Schweigen bringen, weil Schweigen Sie gefangen hält. Sie flüstert Ihnen zu, dass Sie schon zu oft gescheitert sind, um es noch einmal zu versuchen. Aber Scham ist eine Lügnerin. Es noch einmal zu versuchen ist keine Schwäche. Es ist Trotz gegen die Stimme, die sagt, Sie seien hoffnungslos.

Manche von Ihnen sind schon einmal in ein Meeting gegangen oder haben sich einem Freund anvertraut, nur um sich dann zurückzuziehen, als Sie wieder ins Straucheln gerieten. Sie denken vielleicht: "Ich habe alle Brücken hinter mir abgebrochen." Aber Brücken können wieder aufgebaut werden. Die Menschen, die wichtig sind, diejenigen, die Genesung verstehen, wissen, dass Heilung selten linear verläuft. Sie wissen, dass Rückfälle und Rückschläge passieren, aber sie wissen auch, dass Genesung möglich ist. Ihnen sind die Chancen nicht ausgegangen.

Der Weg, die Scham zu überwinden, beginnt im Kleinen. Es kann eine SMS an einen vertrauten Freund sein: "Mir geht es nicht gut." Es kann sein, dass man bei einer Selbsthilfegruppe auftaucht und zunächst nichts sagt, sondern nur zuhört. Es kann sogar sein, dass man sich selbst im Spiegel die Wahrheit zuflüstert: "Ich habe nicht meinen schlimmsten Tag. Ich bin nicht meine Sucht."

Für das Familienmitglied bedeutet es, Scham nicht als Waffe einzusetzen. Es bedeutet, sich daran zu erinnern, dass Sucht kein Beweis für moralischen Verfall ist. Mitgefühl zu zeigen, entschuldigt keinen Schaden, aber es schafft Raum für Veränderung. Es sagt: "Ich sehe deine Menschlichkeit, auch wenn ich dein Verhalten nicht akzeptieren kann."

Scham stirbt im Licht der Verbundenheit. Du magst dich dieses Lichts unwürdig fühlen, aber Würdigkeit ist keine Voraussetzung für Heilung. Verbundenheit wartet nicht darauf, dass du perfekt bist. Sie begegnet dir in den Trümmern, genau dort, wo du bist.

Die spirituelle Dimension
Hingabe und Verbindung

Für spirituelle Flüchtlinge mag das Wort "Kapitulation" wie eine Falle klingen. Religion wurde möglicherweise gegen Sie eingesetzt, um Scham als Waffe einzusetzen oder blinden Gehorsam zu fordern. Doch Kapitulation in der Genesung ist anders. Es ist kein

Kriechen vor einem strafenden Gott. Es ist ein Akt des Mutes: das Eingeständnis, dass Kontrolle eine Illusion ist und dass Heilung Hilfe von außen erfordert.

Wenn Sie kaum noch durchhalten, ist dies das Richtige für Sie: Aufgeben bedeutet nicht, das Leben aufzugeben oder sich der Verzweiflung hinzugeben. Es bedeutet, die Illusion zu lockern, dass Sie es allein schaffen können. Es bedeutet, die Wahrheit anzuerkennen, die Sie aus Erschöpfung nicht laut aussprechen konnten: "Ich brauche Hilfe." Das ist keine Schwäche. Das ist der mutigste Satz, den Sie jemals aussprechen werden.

Kapitulation kann bedeuten, zum Telefon zu greifen, auch wenn der eigene Stolz dagegen schreit. Es kann bedeuten, mit verschränkten Armen in einem Genesungstreffen zu sitzen und jemanden im Stillen herauszufordern, zu beweisen, dass Hoffnung real ist. Es kann so einfach sein, unter einem dunklen Himmel zu sitzen und dem Universum oder einer Macht, von deren Existenz man nicht sicher ist, zuzuflüstern: "Bitte triff mich hier. Bitte zeig mir einen Weg nach vorn."

Auch Bindung kann sich gefährlich anfühlen, wenn man verletzt, verurteilt oder verlassen wurde. Nach einem Verrat eine Bindung einzugehen, erfordert unglaublichen Mut. Doch Isolation ist die Lieblingswaffe der Sucht. Schon ein einziges ehrliches Gespräch, ein Sponsor, der Ihren Anruf entgegennimmt, ein Freund, der Ihnen ohne Vorurteile zur Seite steht, können einen Spalt in der Dunkelheit öffnen. Sie müssen keiner Kirche beitreten oder den Glauben eines anderen übernehmen, um Bindung einzugehen. Sie müssen nur einen kleinen Schritt aus dem Schatten heraus und auf einen anderen Menschen zugehen.

Wenn du das liest und denkst, du bist schon zu oft gescheitert, um es noch einmal zu versuchen, dann höre dir Folgendes an: Du bist nicht unerreichbar. Das Scheitern ist nicht das Ende deiner Geschichte. Bei Hingabe und Verbundenheit geht es nicht um Perfektion. Es geht darum, sich zu weigern, zu verschwinden, selbst wenn Scham und Erschöpfung dir sagen, dass du aufgeben sollst. Liebe, Gnade und der gemeinsame menschliche Geist sind immer noch größer als dein schlimmster Moment, und sie warten, auch hier, auch jetzt.

Hoffnung jenseits des Käfigs

Stellen Sie sich vor: Ein Mann, der früher jeden Tag mit zitternden Händen aufwachte, hört heute das Lachen seiner Tochter durch den Flur. In derselben Küche, in der er früher Flaschen versteckte, backt er heute jeden Samstagmorgen Pfannkuchen. So kann das Leben außerhalb des Käfigs aussehen.

Hoffnung fühlt sich nicht immer wie ein loderndes Feuer an. Manchmal ist sie ein zarter Funke, den man durch den Rauch kaum sehen kann. Vielleicht fühlst du dich gerade nicht hoffnungsvoll, vielleicht fühlst du dich sogar taub oder überzeugt, dass Hoffnung für andere da ist. Aber Hoffnung ist real, auch wenn du sie nicht spüren kannst. Sie wirkt still an Orten, die du noch nicht sehen kannst: im Gehirn, das heilen und neu verdrahten kann, in den Beziehungen, die repariert werden können, in der Zukunft, die du dir noch nicht vorstellen kannst. Hoffnung ist so hartnäckig. Sie überlebt deinen Unglauben.

Das Leben außerhalb des Käfigs ist nicht perfekt, aber es ist grundlegend anders. Außerhalb des Käfigs können die Morgen Frieden statt Panik bringen. Vertrauen, einst zerstört, kann langsam wieder aufgebaut werden. Lachen kann in Räume zurückkehren, die jahrelang still waren. Sie beginnen sich daran zu erinnern, wie sich Freude anfühlt, ohne den Nebel der Scham oder die chemische Abkürzung eines Drinks oder eines Schusses. Einfache Momente, die Hand Ihres Kindes halten, eine Mahlzeit ohne Angst teilen, ohne Reue aufwachen, werden heilig. Außerhalb des Käfigs sind Sie frei, eine Zukunft aufzubauen, die nicht von den Anforderungen der Sucht bestimmt wird, sondern von Liebe, Sinn und Präsenz. Auch wenn Sie diese Zukunft noch nicht sehen können, ist sie immer noch möglich, und die Hoffnung zieht Sie bereits darauf zu.

Manche Menschen finden ihre Freiheit durch ein 12-Schritte-Programm, andere durch Therapie, alternative Programme oder eine Kombination verschiedener Ansätze. Es geht nicht darum, sich in die Schablone eines anderen zu fügen, sondern herauszufinden, was funktioniert, und diesen Weg Schritt für Schritt zu gehen.

Marcus begab sich schließlich in Behandlung, nicht weil ihn die Scham in die Enge trieb, sondern weil Ehrlichkeit und Verbundenheit ihm den Weg ebneten. Er saß in einem Kreis von Fremden und hörte einen Mann sagen: "Sie sind kein schlechter Mensch. Sie sind ein kranker Mensch auf dem Weg der Besserung." Diese

Worte lösten etwas in ihm. Sie sprachen aus, was die Scham nicht ausdrücken konnte: Die Sucht war kein Urteil über seinen Charakter. Sie war eine Wunde, die heilen musste.

Reflexionsfragen zu Kapitel 3

Denken Sie an eine Zeit, in der Scham Ihre Sicht auf sich selbst oder auf einen geliebten Menschen geprägt hat. Wie hat diese Scham Ihre Fähigkeit beeinflusst, Hilfe zu suchen oder anzubieten?

Inwiefern haben Sie oder andere die Lüge geglaubt, dass Sucht ein moralisches Versagen sei? Wie hat sich dieser Glaube auf Ihre Beziehungen oder Ihren Genesungsweg ausgewirkt?

Was bedeutet Hingabe für Sie, nicht im religiösen Sinne, sondern als mutiger Schritt in Richtung Ehrlichkeit und Verbundenheit?

Stellen Sie sich den Käfig vor, der in diesem Kapitel beschrieben wird. Welche Gitterstäbe – Angst, Stolz, Scham, Isolation – müssen in Ihrem Leben möglicherweise durchbrochen werden, damit Hoffnung eintreten kann?

Kapitel 4
Scham ist ein Killer

Das Kellertreffen

Jenna saß in ihrem Auto vor dem Keller einer Kirche und umklammerte das Lenkrad, bis ihre Knöchel schmerzten. Auf dem Schild an der Tür stand "Treffen zur Genesung – Alle willkommen", doch in ihrem Kopf wirbelten die Vorwürfe umher. Sie werden dich verurteilen. Du gehörst nicht hierher. Du bist wieder einmal eine Versagerin.

Früher am Tag hatte sie ihre Cousine am Telefon murmeln hören: "Jenna ist ein hoffnungsloser Fall." Die Worte schmerzten nicht nur; sie durchschnitten den dünnen Rest Hoffnung, der ihr noch geblieben war. Doch die Scham saß tiefer als die Enttäuschung ihrer Familie. Jenna fühlte sich von Gott verlassen. Aufgewachsen in einem streng religiösen Elternhaus, hatte man ihr beigebracht, dass gute Christen nicht so stolpern. Sie konnte noch immer die Stimme eines alten Jugendpfarrers hören: "Sünde trennt dich von Gott." Allein im Auto sitzend, glaubte sie es, glaubte, dass ihr Rückfall nicht nur ein Beweis von Schwäche war, sondern ein Beweis dafür, dass sogar der Himmel sich von ihr abgewandt hatte.

Tränen trübten ihre Sicht, als sie das Lenkrad fester umklammerte. Sie wollte beten, fand aber keine Worte, die nicht hohl klangen. Sie stellte sich vor, wie

Gott angewidert den Kopf schüttelte, die Arme verschränkt, unwillig, noch ein leeres Versprechen zu hören. Die Vorstellung, einen Kirchenkeller zu betreten, kam ihr wie ein grausamer Scherz vor. Was hatte sie in Gottes Haus zu suchen, nachdem sie alle ihre Gelübde gebrochen hatte?

Sie hätte beinahe den Zündschlüssel gedreht, um wegzufahren. Doch etwas, vielleicht Trotz, vielleicht Verzweiflung, ließ sie stattdessen die Autotür öffnen. Sie stieg ein, den Blick auf den Boden gerichtet, und wappnete sich für die kalten Blicke, die ihr sicher entgegenschlugen.

Stattdessen hörte sie einen Mann von seinem eigenen Rückfall erzählen. Er sprach deutlich, mit zitternder Stimme, aber ohne Reue: "Ich habe es vermasselt. Ich habe mich selbst gehasst. Ich dachte, Gott wäre mit mir fertig. Aber ich bin hier." Der Raum verurteilte ihn nicht. Er beugte sich vor. Leises Nicken. Sanfte "Ich auch." Eine Frau streckte die Hand aus und drückte seine Hand.

Etwas brach in Jennas Brust. Zum ersten Mal seit Monaten spürte sie ein Aufflackern von Wärme, klein, zerbrechlich, aber echt. Es war nicht so, dass all ihre Scham in diesem Moment verschwunden wäre oder dass ihr Gottesbild über Nacht geheilt wäre. Doch zum ersten Mal fragte sie sich, ob die Scham sie belogen hatte. Vielleicht war Gott gar nicht angewidert von ihr. Vielleicht war der Gott, von dem man ihr erzählt hatte, der immer alles zählt, nicht die ganze Wahrheit. Vielleicht war die Gnade größer als die Trümmer.

Was Scham mit Süchtigen und ihren Familien macht

Scham ist nicht nur ein unangenehmes Gefühl, sie ist zerstörerisch, erdrückend und grausam. Sie kriecht in die tiefsten Teile deiner Identität und verändert dein Wesen. Wenn du süchtig bist, sagt dir die Scham: " Das hast du nicht getan, das bist du. Gebrochen. Hoffnungslos. Wertlos." Sie sagt dir, dass, egal wie oft du es versuchst, das Scheitern wird dich definieren. Selbst wenn du den Mut aufbringst, die Hand auszustrecken, unterbricht dich die Scham: Lass es bleiben. Sie werden nur sehen, was für eine Enttäuschung du bist.

Für Familien ist Scham gleichermaßen verheerend. Sie überzeugt Eltern davon, schlechte Mütter oder Väter zu sein, Ehepartner davon, dass sie irgendwie fehlerhafte Partner sind, und Geschwister davon, dass ihre Familie dauerhaft vom Versagen gezeichnet ist. Scham isoliert ganze Familien und lässt sie schweigen, wenn sie Unterstützung am meisten brauchen. Eltern hören auf, mit Freunden zu reden, aus Angst, verurteilt zu werden. Ehepartner ziehen sich aus der Gemeinschaft zurück, weil sie keine Fragen zu einer weiteren versäumten Schicht oder einem weiteren Reha-Besuch beantworten wollen. Kinder verinnerlichen unausgesprochenen Schmerz und wachsen in dem Glauben auf, Geheimnisse seien sicherer als die Wahrheit.

Scham verletzt nicht nur, sie baut Mauern auf. Sie zerstört das Vertrauen, nicht nur zwischen geliebten Menschen, sondern auch im Herzen des Betroffenen. Sie nährt Lügen: Du verdienst keine Hilfe. Du verdienst keine Liebe. Du verdienst es nicht einmal, es noch einmal zu versuchen. Mit der Zeit kann Scham jemanden glauben lassen, dass die Trümmer seiner Sucht alles sind, was er je sein wird. Dieser Glaube ist tödlich. Er lässt Menschen weiter konsumieren, obwohl sie verzweifelt aufhören wollen. Er hält Familien in einem Muster des Schweigens gefangen, das die Heilung erstickt.

Die Tyrannei der Scham

Scham ist nicht passiv, sie ist ein Tyrann. Sie regiert durch Angst, kontrolliert deine Entscheidungen, bringt deine Stimme zum Schweigen und fesselt dich an die Vergangenheit. Sie murmelt nicht nur, sie befiehlt: Erzähl es niemandem. Bitte nicht um Hilfe. Wage es ja nicht zu glauben, dass du dich ändern kannst. Sie sabotiert jeden schwachen Versuch der Genesung. Du schwänzest das Meeting, vermeidest das Telefonat, lügst die Person an, die du liebst – nicht, weil es dir egal ist, sondern weil die Scham dich davon überzeugt hat, dass die Wahrheit dich zerstören wird.

Für spirituelle Flüchtlinge kann die Tyrannei der Scham noch schwerer sein. Wenn die Scham durch die Religion verstärkt wird, wenn man Ihnen sagt, dass Ihre Sucht nicht nur ein menschlicher Kampf, sondern ein moralisches Versagen ist, das Gott anwidert, wird sie fast unerträglich. Scham sagt Ihnen, dass sogar der Himmel Ihnen den Rücken gekehrt hat. Sie verdreht Gnade in Verdammnis. Sie lässt den Gott der Liebe wie einen Punktezähler erscheinen, der nur darauf wartet, Sie zu vernichten.

Kulturelle und familiäre Systeme werden oft zu Komplizen dieser Tyrannei. Familien flüstern: "Über solche Dinge reden wir nicht." Kirchen predigen: "Gute Christen kämpfen nicht mit Sucht." Gemeinschaften wenden sich ab, weil sie glauben, Demütigung könne jemanden einschüchtern und ihn zur Veränderung bewegen. Doch Demütigung heilt nie, sie verhärtet nur die Mauern der Scham.

Scham ist ein Diktator, der deine Zukunft bestimmen will. Sie gedeiht im Verborgenen und nährt sich von deinem Schweigen. Sie will dich glauben machen, dass niemand sie verstehen kann, dass niemand dich mehr lieben kann, dass du zu weit weg bist. Doch Scham ist eine Lügnerin. Der Tyrann hat keine wirkliche Macht, sobald er ans Licht kommt. Sie zu benennen, deine Geschichte zu teilen, nach Verbindung zu suchen – all das sind Akte der Rebellion gegen ihre Herrschaft.

Heilende Worte statt Scham sprechen

Die Macht der Scham zu brechen beginnt mit neuen Worten. Worte, die klingen wie:

"Ich auch."
"Du bist nicht dein schlimmster Tag."
"Ihre Geschichte ist noch nicht zu Ende."

Stellen Sie sich vor, Jenna betritt die Kellerversammlung und hört diese Worte. Genau das, was sie fürchtete – Verurteilung – wurde durch Empathie ersetzt. Jemandes ehrliche Geschichte wurde zu einem Rettungsanker. Ein mitfühlender Satz kann die Scham im Keim ersticken.

Doch Scham lebt nicht nur in gegenwärtigen Misserfolgen, sie lauert auch in Erinnerungen. Die Vergangenheit läuft wie ein grausamer Filmstreifen immer wieder ab und erinnert einen an jedes gebrochene Versprechen, jede verbrannte Brücke, jedes verletzende Wort. Die Scham, sich der eigenen Vergangenheit zu stellen, kann unerträglich sein. Sie sagt einem: " Du kannst nicht weitermachen. Du hast schon zu viel Schaden angerichtet." Sie sagt einem, dass Heilung anderen Menschen vorbehalten ist, nicht jemandem mit deiner Vergangenheit. Doch nach vorne zu schauen ist ein Muss. Die Vergangenheit mag dich prägen, aber sie bestimmt nicht deine Zukunft. Genesung und Heilung erfordern, dass du nicht zulässt, dass die Misserfolge von gestern die Möglichkeiten von morgen bestimmen.

Die Scham zu überwinden, beginnt in den stillen Momenten, in denen man sich für eine andere Geschichte entscheidet. Worte der Wahrheit auszusprechen, bedeutet nicht, so zu tun, als wäre die Vergangenheit nicht geschehen, sondern sich nicht von ihr bestimmen zu lassen, was als Nächstes kommt. Wenn Sie sagen: "Ich bin mehr als das, was ich getan habe", nehmen Sie an etwas Heiligem teil. In Genesungskreisen nennen viele es Gnade. Andere nennen es Liebe, Licht oder einfach Wahrheit. Wie auch immer Sie es nennen, in Worten, die Identität zurückgewinnen, liegt eine spirituelle Kraft. Sie haben eine größere Kraft als die Vorwürfe der Scham.

Das ist nicht einfach. Neue Worte auszusprechen, mag sich anfangs unnatürlich, ja sogar falsch anfühlen. Doch mit der Zeit wird die Übung zu einer Art stiller Rebellion, zu einem Bekenntnis, dass Scham nicht mehr dein Herrscher ist. Jedes Mal, wenn du bekräftigst: "Ich bin noch würdig" oder "Meine Geschichte ist noch nicht vorbei", durchbrichst du den Bann der Scham und lädst etwas Größeres ein – Hoffnung, Gnade, das Heilige –, deine Geschichte neu zu schreiben.

Auch Familien können Worte wählen, die heilen. Statt "Du machst immer alles kaputt" können sie sagen: "Ich liebe dich genug, um ehrlich zu sein. Ich werde dich nicht dazu ermächtigen, aber ich bin für dich da." Statt "Du wirst dich nie ändern" können sie sagen: "Ich glaube, dass Veränderung möglich ist, auch wenn ich sie noch nicht sehe." Das sind keine Wundermittel, aber sie schaffen Raum für Verbundenheit – das Gegenteil von Scham.

Hoffnung und Wiedererlangung der Identität

Die Tyrannei der Scham verliert ihre Macht, wenn die eigene Identität zurückgewonnen wird. Süchtige werden nicht durch ihre Sucht definiert. Familien werden nicht durch ihre Fehler definiert. Man ist nicht die Summe seiner schlimmsten Entscheidungen oder seiner schmerzhaftesten Fehler.

Die Wiedererlangung der eigenen Identität kann im Kleinen beginnen: Sich selbst sagen: "Ich bin mehr als meine Sucht." Es kann sein, dass man seine Geschichte in einem geschützten Raum erzählt, jemand anderen sagen hört: "Ich auch!" und erkennt, dass man nicht allein ist. Es kann sein, dass man Erdungsübungen macht, wenn die Scham zuzunehmen droht, tief durchatmet, etwas Festes berührt oder fünf Dinge nennt, die man sieht, um sich daran zu erinnern, dass man noch da ist, noch wertvoll.

Für spirituelle Flüchtlinge kann diese Rückgewinnung bedeuten, die Stimme der Scham von der Stimme des Heiligen zu trennen. Die Scham sagt: "Du bist wertlos." Das Heilige sagt: "Du wirst geliebt, auch hier." Sie müssen nicht in schädliche Räume zurückkehren, um Gnade zu finden. Gnade kann Sie in einem Kellertreffen, in der Praxis eines Therapeuten, bei einem nächtlichen Spaziergang oder in einem leisen Wort an eine Macht finden, von deren Existenz Sie nicht sicher sind.

Die Scham wird dir sagen, dass du schweigen sollst. Doch Heilung beginnt mit einem einzigen, wackeligen Wort, das laut ausgesprochen wird. Hoffnung beginnt in dem Moment, in dem du erkennst, dass der Tyrann ein Betrüger ist.

Gott kennt keine Scham

Wenn Ihr Bild von Gott ein finsterer Richter ist, der Ihre Fehler aufzeichnet, dann hören Sie: Dieses Bild ist eine Verzerrung, nicht das Göttliche. Gott benutzt Scham nicht als Waffe. Das Heilige erfreut sich nicht an Ihrer Demütigung oder Ihrem Zusammenbruch. Das Herz Gottes, nennen Sie es Liebe, Gnade oder Geist, ist nicht auf Verurteilung, sondern auf Wiederherstellung aus.

Sowohl in der Hebräischen Bibel (Altes Testament) als auch im Neuen Testament offenbart die Geschichte Gottes immer wieder einen Gott der Liebe und des Mitgefühls, einen Gott, der über Versagen und Scham hinaus die tiefere Wahrheit unserer Menschlichkeit erkennt. Die Seiten sind voller Momente, in denen Gott Gnade statt Urteil, Heilung statt Strafe und Wiederherstellung statt Ausgrenzung wählt. Diese Geschichten sind keine Ausnahmen oder seltene Fußnoten; sie sind das Herzstück der Erzählung. Sie erinnern uns daran, dass Scham nie das letzte Wort über das Leben eines Menschen sein sollte.

Für viele Genesende, insbesondere für spirituelle Flüchtlinge, mag dies unfassbar erscheinen. Jahrelange religiöse Scham hat Sie vielleicht davon überzeugt, dass der Himmel Sie verabscheut. Aber was, wenn Gott nie die Quelle Ihrer Scham war? Was, wenn selbst in Ihrem dunkelsten Moment die Liebe neben Ihnen in den Trümmern saß und sich weigerte, Sie zu verlassen?

Auf dem Weg der Genesung geht es nicht darum, Gottes Anerkennung zu erlangen oder um Würdigkeit zu betteln, sondern darum, zu entdecken, dass man nie unwürdig war. Das Heilige begegnet einem dort, wo man sich am meisten fürchtet: in der Panik spät in der Nacht, im tränenüberströmten Autositz, in der zitternden Hand an der Kellertürklinke. Gott zählt nicht über deine Fehler; er greift immer wieder nach dir.

Um zu heilen, müssen Sie vielleicht das alte Bild eines verurteilenden Gottes sterben lassen und ein neues Bild entstehen lassen: einen Gott, dessen Augen sanft und mitfühlend sind, dessen Stimme barmherzig ist und dessen Hände sich Ihnen bereits entgegenstrecken. In der Genesung sind Sie eingeladen, diesen Gott nicht als

Tyrannen, sondern als Gefährten kennenzulernen, der Sie auf dem Weg in die Freiheit begleitet.

Wir machen keine Scham

Als Pastor und Geschäftsführer der FREE Recovery Community kann ich Ihnen sagen: Wir machen keine Scham. Das ist nicht nur ein eingängiger Slogan, sondern ein Schlachtruf. Wenn Sie das hier lesen und denken, Sie gehören nicht dazu, Ihre Vergangenheit disqualifiziert Sie, Gott ist mit Ihnen fertig, dann hören Sie mir zu: Scham ist eine Lüge.

In unserer Gemeinde zucken wir angesichts des Chaos nicht zurück. Wir engagieren uns. Wir haben mit Menschen zusammengesessen, die dachten, sie seien zu weit weg, die durch unsere Türen kamen und überzeugt waren, jeder würde sie verurteilen. Und wissen Sie, was passiert? Niemand wendet sich ab. Niemand sagt: "Du gehörst nicht dazu." Wir nehmen das Chaos an, denn gerade dort wirkt die Gnade am besten.

Aber verstehen Sie es klar: Wir setzen keine Grenzen. Es bedeutet nicht, dass Verantwortung fehlt oder destruktives Verhalten ignoriert wird. Es bedeutet vielmehr, dass Liebe und Mitgefühl immer eine bessere Ausgangsbasis sind als Scham. Grenzen schützen Beziehungen, und Verantwortung fördert Wachstum. Sie funktionieren aber am besten, wenn sie auf Würde und nicht auf Demütigung beruhen.

Und hier ist die nackte Wahrheit: Zugehörigkeit überwindet Scham. Wenn du einen Raum betrittst und merkst, dass die Leute dich sehen, ganz und gar, und sich nicht abwenden, beginnt sich etwas in deinem Inneren zu verändern. Zugehörigkeit flüstert eine lautere Wahrheit, als Scham es je könnte: Du bist Liebe und Zugehörigkeit wert, egal, was hinter dir liegt. Wenn Zugehörigkeit Wurzeln schlägt, verliert Scham ihren Halt. Die alten Lügen, dass du unwürdig, nicht liebenswert, zu kaputt bist, beginnen im Licht echter Verbundenheit zu verblassen.

Hier wird das, was wir über Gott gesagt haben, lebendig: Gott kennt keine Scham, und wir auch nicht. Wenn Gott nicht mitzählt, um dich zu vernichten, warum sollten wir es dann tun? Scham heilt nicht. Scham bringt keine Freiheit. Das hat sie nie getan und wird sie nie tun.

Reflexionsfragen zu Kapitel 4

Denken Sie an eine Situation zurück, in der Sie oder ein geliebter Mensch durch Scham verstummt sind. Wie hat sich das auf Ihre Fähigkeit ausgewirkt, um Hilfe zu bitten oder Hilfe anzubieten?

In welcher Weise wurde Scham in Ihrem Leben von kulturellen, familiären oder religiösen Systemen eingesetzt? Wie hat dies Ihr Verständnis von sich selbst oder von Gott geprägt?

Welche heilsamen Worte oder Taten könnten Sie sich selbst oder jemand anderem anbieten, um die Scham heute zu durchbrechen?

Wie könnte die Wiedererlangung Ihrer Identität ohne Scham die Art und Weise verändern, wie Sie Ihre Genesung vorantreiben oder jemanden unterstützen, den Sie lieben?

Kapitel 5
Ehrlich sprechen, nicht belehren

Der Moment, in dem Worte versagten

Kara saß am Küchentisch ihrer Freundin, die Augen rot und wund von einer weiteren Nacht voller Sorgen. Ihr Bruder war wieder auf der Straße, nachdem er versprochen hatte, clean zu werden. Sie hatte nichts gegessen. Sie hatte nicht geschlafen. Als sie schließlich um Hilfe bat, sagte ihr jemand aus ihrer alten Kirche nur einen einzigen Satz: "Gott wird dir nicht mehr aufbürden, als du ertragen kannst." Kara nickte höflich, doch in ihrem Inneren verhärtete sich etwas. Die Worte fühlten sich künstlich an. Sie berührten weder den Schmerz in ihrer Brust noch die Panik in ihrem Magen. Sie brauchte keinen Slogan. Sie brauchte jemanden, der mit ihr in den Trümmern saß.

Das passiert, wenn wir in Klischees statt in der Wahrheit sprechen. Plattitüden geben uns vielleicht das Gefühl, etwas Hilfreiches gesagt zu haben, aber bei Menschen, die leiden, können sie die Wunde vertiefen. Süchtige und ihre Angehörigen brauchen keine glatten Predigten. Sie brauchen echte, ungeschminkte, verletzliche Worte, die sagen: "Ich sehe dich, und ich bin da."

Warum Klischees und religiöser Jargon versagen

Menschen am Rande der Sucht erkennen falsche oder formelhafte Reden schon von Weitem. Sie haben alles schon gehört: "Alles geschieht aus einem bestimmten Grund." "Gott hat einen Plan." "Ich habe einfach mehr Vertrauen." Für jemanden, der tief in der Sucht steckt oder jemanden liebt, der es ist, klingen diese Worte nicht nach Trost, sondern nach Ablehnung. Für spirituelle Flüchtlinge können sie wie die Waffen klingen, die sie einst aus der Kirche getrieben haben.

Spirituelle Flüchtlinge kennen den Stich von Worten, die ihren Schmerz auf einen Slogan reduzierten oder suggerierten, ihr Leiden sei ihre eigene Schuld. Ihnen wurde direkt oder subtil gesagt, dass sie nicht in dieser Lage wären, wenn sie nur inbrünstiger beteten, mehr glaubten oder sich besser verhielten. Wenn man sich mit solchen Reden die Finger verbrannt hat, kann schon ein Hauch davon das Vertrauen zerstören.

Und es geht nicht nur darum, kirchliche Phrasen zu vermeiden, um trendy oder "relevant" zu sein. Es geht darum, dem Weg Jesu zu folgen. Jesus sprach immer zu echten Menschen, an echten Orten, in einem echten historischen Moment, sah ihnen in die Augen und verspürte ihr Leid. Er benutzte nie leere Phrasen, um jemandes Schmerz oder Angst zu ignorieren und ihn zum Gehorsam zu zwingen. Angst ist keine gute Taktik, sie war es nie, und doch wurde sie von unzähligen religiösen Menschen eingesetzt, als ob das Einschüchtern von jemandem die Seele heilen würde. Das tut es nicht. Es vertieft die Wunde nur.

An alle Pastoren, Berater, Sponsoren und Freunde, die Menschen in ihrer Sucht- und Genesungsphase begleiten: Dies ist ein Aufruf, diese Sprüche beiseitezulegen. Es mag sich anfühlen, als würde man einen Teil seines eigenen spirituellen Vokabulars aufgeben, denn viele von uns sind mit diesen Sprüchen aufgewachsen. Sie sind fester Bestandteil von Predigten, Andachten und Kaffeetassensprüchen. Aber wenn wir mit denen sprechen wollen, die am Ertrinken sind, müssen wir aufhören, ihnen Autoaufkleber zuzuwerfen, wenn sie eigentlich Hilfe brauchen.

Ja, es ist schwer, Klischees aufzugeben. Es bedeutet, sich der Peinlichkeit des Schweigens zu stellen, wenn man nicht die perfekte Antwort hat. Es bedeutet zuzugeben: "Ich weiß nicht, warum das passiert", anstatt den Schmerz mit einer nüchternen Plattitüde zu überdecken. Aber diese Ehrlichkeit ist heilig. Es ist die Sprache, der Süchtige, ihre Angehörigen und spirituelle Flüchtlinge tatsächlich vertrauen können.

Ehrlich zu sprechen bedeutet, das Chaos anzuerkennen: "Das ist hart. Es ist unfair. Es tut höllisch weh. Und du bist nicht allein." Diese Worte kosten mehr, sie kosten deine Verletzlichkeit und deine Anwesenheit. Aber sie sind es, die die Mauern der Scham durchbrechen und Menschen zum Bleiben einladen.

Die Macht der Verletzlichkeit und der Geschichte

Geschichten verändern Herzen. Verletzlichkeit schafft Vertrauen. Wenn Sie durchs Feuer gegangen sind, sprechen Ihre Narben lauter als jede Predigt. Wenn Sie ehrlich über Ihre eigenen zerbrochenen Momente,

Ihre Zweifel, Ihre Misserfolge und die Zeiten, in denen Sie wütend auf Gott waren, sprechen, sagen Sie: "Ich auch. Ich verstehe es." Dieses "Ich auch" kann Leben retten.

Aber seien wir ehrlich: Verletzlichkeit ist furchterregend. Wenn Sie schon einmal enttäuscht wurden, wenn Sie auf Verurteilung, Schweigen oder herablassende Ratschläge gestoßen sind, als Sie es wagten, sich zu öffnen, erscheint Ihnen der Gedanke, Ihr Herz erneut zu offenbaren, unmöglich. Sie denken vielleicht: Wenn ich die Wahrheit über meinen Schmerz sage, werden sie mich zurückweisen. Sie werden es gegen mich verwenden. Sie werden all die hässlichen Dinge bestätigen, die ich sowieso schon über mich selbst vermute.

Hier ist die Wahrheit, die dir niemand gesagt hat: Scham will dich zum Schweigen bringen, weil Schweigen dich festhält. Das Risiko erscheint enorm, aber der Lohn ist Freiheit. Verletzlichkeit ist keine Schwäche, sondern Trotz. Es bedeutet, der Scham in die Augen zu sehen und zu sagen: "Ich gehöre dir nicht mehr." Und wenn du den Anfang machst, wenn du deine Geschichte auch nur ein wenig preisgibst, gibst du allen um dich herum die Erlaubnis, ebenfalls ihre Masken abzunehmen.

Religion hat Verletzlichkeit oft missbilligt und Menschen gelehrt, ihre Zweifel zu verbergen und ihre Geschichten so lange aufzupolieren, bis sie strahlen. Doch wenn wir authentische Glaubensräume wollen, in denen echte Transformation stattfindet, müssen wir uns der Verletzlichkeit öffnen. Und hier wird es persönlich:

Liebe Führungskräfte, ich kenne Ihre Angst. Ihnen wurde gesagt, Sie sollten die Fassung bewahren, Stärke ausstrahlen und Ihre Risse nie zeigen. Sie haben Angst, dass die Leute den Respekt verlieren oder sich abwenden, wenn Sie Ihre Probleme offenlegen. Diese Angst ist real, sie ist schwer und sie ist berechtigt.

Doch hier liegt die tiefere Wahrheit: Menschen brauchen keine perfekten Führer. Sie brauchen ehrliche. Wenn Sie sich dieser Angst stellen und sich als ganzheitlicher, unvollkommener Mensch zeigen, geben Sie Ihrer Gemeinschaft den Mut, dasselbe zu tun. Ihre Bereitschaft, sich verletzlich zu zeigen, sagt: "Hier ist es sicher. Du musst dich nicht verstecken." So bröckeln Mauern. So entsteht authentischer Glaube – nicht durch glanzvolle Auftritte, sondern durch gemeinsame Menschlichkeit.

Ich weiß das aus Erfahrung. Als ich 2013 trocken wurde, war ich nicht einfach nur ein Typ, der gegen seine Sucht kämpfte, sondern ein Pastor. Ich war der betrunkene Pastor, und die Scham darüber erdrückte mich fast. Die ersten drei Jahre meiner Genesung schwieg ich und hoffte und betete, dass niemand jemals herausfinden würde, dass ich hinter den Predigten und dem Sonntagslächeln ein Alkoholiker war. Ich erstickte unter der Last meiner eigenen Heuchelei und hatte panische Angst, dass alles zusammenbrechen würde, wenn die Leute die Wahrheit erfuhren.

Nach drei Jahren brach ich mit Hilfe meines Sponsors und meiner Mentoren endlich das Schweigen. An einem Sonntagmorgen stand ich bei allen drei Gottesdiensten zitternd und mit bebender Stimme da und erzählte meine Geschichte. Ich war überzeugt, dass einige Leute den Gottesdienst verlassen, hinter meinem Rücken tuscheln oder mich nie wieder mit denselben Augen ansehen würden.

Doch etwas anderes geschah. Ich wurde mit Gnade und Mitgefühl empfangen. Und in diesem heiligen Moment brach etwas auf, nicht nur in mir, sondern im ganzen Raum. Menschen kamen mit ihren Geschichten zu mir. Sie flüsterten über ihre Wunden. Sie vertrauten mir ihren Schmerz an. Mir wurde klar, wie viele still ertranken und verzweifelt darauf warteten, dass jemand ihnen den Weg ebnete.

Dieser Morgen veränderte alles. Es war einer der Momente, in denen die FREE Recovery Community entstand, der Ort, den meine Frau Tami und ich später für Süchtige, ihre Angehörigen und spirituelle Flüchtlinge bauten. Wenn du das hier liest und Angst hast, jemanden hinter deine Maske blicken zu lassen, dann hör mir zu: Deine Geschichte hat Kraft. Die Heilung eines anderen Menschen könnte mit deiner Ehrlichkeit beginnen. Lass nicht zu, dass dich Scham noch einen Tag zum Schweigen bringt. Die Welt braucht nicht deine Perfektion, sie braucht deine Wahrheit.

Echte Gespräche für echte Süchtige

Seien wir ehrlich: Für viele Süchtige und spirituelle Flüchtlinge fühlte sich die traditionelle Ausdrucksweise der Kirche, die Insidersprache, die geschliffenen Slogans und die schweren religiösen Symbole nicht wie Liebe an. Sie fühlten sich oft wie eine verschlossene Tür an. Es ist nicht so, dass diese Worte oder Symbole böse oder wertlos wären. Sie können tiefe Schönheit und Bedeutung in sich tragen. Aber sie können nie das Erste sein. Sie können nicht der erste Händedruck sein, der zur Eröffnung einlädt.

Glaubensführer, dieser Teil ist für Sie. Wenn das Kreuz an der Wand, die Insider-Floskeln oder der "christliche" Jargon verletzte Menschen davon abhalten, überhaupt einen Schritt durch die Tür zu machen, brauchen Sie den Mut, sie beiseitezulassen. Menschen stehen immer vor Traditionen. Jesus hat dies immer wieder vorgelebt. Er stellte den Menschen über das Ritual, die Beziehung über die Regel. Das Leiden über das Symbol zu stellen, ist kein Verrat, sondern Jüngerschaft.

Jesus begann Gespräche nicht mit Glaubensbekenntnissen oder ausgefeilten Gebeten. Er kniete mit einer Frau im Dreck nieder, die sich in Scham gefangen hatte. Er aß mit Menschen zu Abend, die von der religiösen Obrigkeit gemieden wurden. Er erzählte Geschichten von Samen und Stürmen, Vätern und verlorenen Söhnen, weil echte Menschen in echtem Schmerz Worte brauchten, die ihnen direkt auf den Grund gingen.

Traditionen können schön sein. Rituale können heilen. Aber sie sind niemals der Weg zur Gnade für jemanden, der sich bereits unwürdig oder unwillkommen fühlt. Wenn religiöse Symbole und Insider-Gerede wie eine Barriere wirken, dann haben Sie den Mut, sie loszuwerden oder zumindest aus dem Weg zu räumen, bis die Liebe ihre Wirkung getan hat.

Glaubensführer auf der Suche nach einem neuen Weg: Sprechen Sie die Sprache der Straße, der Selbsthilfegruppen und der gebrochenen Herzen. Fordern Sie die Menschen nicht auf, Ihre Welt zu entschlüsseln, bevor Sie sie willkommen heißen. Bauen Sie die Brücke. Treffen Sie sie dort, wo sie sind. Das ist keine Verwässerung des Evangeliums, sondern Nachfolge Jesu.

Praktische Tools zur Kommunikation von Realität

Hören Sie mehr zu, als Sie reden. Manchmal ist es das Heiligste, den Mund zu halten und präsent zu bleiben. Lassen Sie die Stille lauter sprechen als Ratschläge.

Stellen Sie ehrliche, offene Fragen. Anstatt: "Warum kannst du nicht einfach aufhören?", versuchen Sie es mit: "Wie fühlt sich der Kampf heute an?"

Wählen Sie Empathie statt Überzeugungsarbeit. Sie versuchen nicht, eine Debatte zu gewinnen, sondern eine Brücke zu bauen.

Respektiere den Schmerz, ohne ihn zu heilen. Widerstehe dem Drang, jemandes Leiden mit einer hübschen Schleife zu umwickeln. Es ist in Ordnung zu sagen: "Ich weiß nicht, was ich sagen soll, aber ich bin hier."

Sprechen Sie aus Ihrer Narbe, nicht von Ihrem Podest. Authentizität ist magnetisch. So zu tun, als hätte man alles im Griff, schafft Distanz.

Wenn echte Worte heilen

Stellen Sie sich Kara noch einmal vor, aber diesmal hört sie nicht "Gott wird dir nicht mehr aufbürden, als du ertragen kannst", sondern: "Das ist brutal. Ich sehe, wie erschöpft du bist. Du musst das nicht allein durchstehen." Diese einfache, ehrliche Antwort heilt nicht alles. Aber sie lässt sie aufatmen. Sie zeigt ihr, dass sie nicht unsichtbar ist. Sie zeigt ihr, dass es sich lohnt, ihr zuzuhören.

Bei der Wahrheit geht es nicht um perfekte Formulierungen. Es geht um Präsenz. Es geht darum, ehrlich, demütig und bereit zu sein, das Chaos zu ertragen. Für Süchtige, ihre Angehörigen und spirituelle Flüchtlinge können diese Worte ein Rettungsanker sein, ein Beweis dafür, dass selbst in den Trümmern eine Verbindung möglich ist.

Reflexionsfragen zu Kapitel 5

Erinnern Sie sich an eine Situation, in der sich die Worte einer Person in einem schwierigen Moment hohl oder verletzend anfühlten. Warum trafen sie nicht ins Schwarze?

Denken Sie an eine Situation zurück, in der jemand ehrlich und verletzlich mit Ihnen gesprochen hat. Wie hat das auf Sie gewirkt?

Welche Klischees oder Phrasen müssen Sie verlernen, damit Sie authentischer mit Menschen sprechen können, die leiden?

Wie können Ihre eigenen Narben oder Kämpfe dazu beitragen, dass Sie Hoffnung vermitteln, ohne zu predigen?

Kapitel 6
Spirituelle Weisheit ohne religiösen Ballast lehren

Die Last des religiösen Gepäcks

Für viele Menschen, insbesondere für spirituelle Flüchtlinge und Suchtkranke, war Religion weniger eine Quelle des Trostes als vielmehr eine Quelle des Schmerzes. Vielleicht war es der Prediger, der mit seinem Urteil prahlte, anstatt Gnade zu gewähren. Vielleicht war es der Jugendleiter, der einem sagte, die Fragen seien Rebellion statt Neugier. Vielleicht war es die Kirche, die sich abwandte, als Sucht, Scheidung oder Depression zu sehr in ihr Image passten. Vielleicht waren es die geflüsterten Gespräche darüber, wen man liebte, oder die unausgesprochenen Regeln darüber, welche Hautfarbe, welches Einkommensniveau oder welche Theologie wirklich akzeptabel war.

Diese Art der Ausgrenzung, die eindeutige Bezeichnung von "In" und "Out", hat unzählige Menschen verletzt. Wenn führende Politiker behaupten, Gottes Liebe gelte nur den Insidern, verletzt das nicht nur die Ausgeschlossenen. Es vergiftet alle. Es sät Angst: "Wenn die nicht dazugehören, wie kann ich dann sicher sein, dass ich dazugehöre?" Diese Denkweise erzeugt Angst, Scham und Spaltung. Sie entspricht nicht dem Herzen Gottes.

Die Last dieses Gepäcks kann erdrückend sein. Es drückt wie ein Stein auf die Brust und lässt jeden Atemzug schwer werden. Es verzerrt das Gesicht Gottes, bis Gott eher wie ein Torwächter, denn wie eine Quelle der Gnade erscheint. Für viele ist sogar die Sprache des Glaubens zu einem Auslöser geworden, einer Erinnerung an Ablehnung und Kontrolle.

Aber die Wahrheit ist: Das Ganze muss umfassender sein, wenn es dem Gott ähneln soll, der sich in Liebe offenbart. Gott passt nicht in die Schubladen, die wir uns gebaut haben. Der Versuch, Gott in starren Systemen oder kleinen Kreisen der Anerkennung einzusperren, funktioniert nicht. Süchtige und ihre Angehörigen haben das schon vor langer Zeit begriffen. Um aus dem Loch herauszukommen, um zu überleben, mussten sie sich einen Gott vorstellen, der viel größer, gütiger und freier war als der, den sie vorgefunden hatten. Sie mussten an eine Liebe glauben, die sie in der Gosse oder im Abgrund der Verzweiflung erreichen konnte, eine Liebe, die sich nicht auf saubere Hände und einen rosigen Ruf beschränkte.

Wenn das auf Sie zutrifft, wenn Ihnen gesagt wurde, Sie gehörten nicht dazu, dann hören Sie: Ihr Schmerz ist real, und Sie sind nicht allein. Sich von schädlicher Religion abzuwenden, bedeutet nicht, sich von Gott abzuwenden. Es bedeutet, den Gott zu suchen, der bereits nach Ihnen sucht. Das Göttliche wird nicht durch Ihre Zweifel, Ihre Wut, Ihre Zerbrochenheit oder Ihre Hoffnung auf etwas Wahreres bedroht. Gott ist größer, weiter und wilder als das ausgrenzende Denken, das Sie verletzt hat. Und diese größere Liebe greift bereits nach Ihnen.

Für spirituelle Flüchtlinge ist dies wichtig: Sie lehnen das Heilige nicht ab, nur weil Sie das abgelehnt haben, was Ihnen wehtut. Und für Führungskräfte ist dies eine Erinnerung: Ein gesundes Gottesbild ist eines der Liebe und des Mitgefühls, nicht der Verurteilung. Der Gott, der Menschen in ihrer Zerbrochenheit begegnet, ist nicht zerbrechlich oder bedroht durch Ihre Fragen.

Wenn Sie ein religiöser Führer sind, müssen Sie Folgendes wissen: Menschen betreten Ihre Räume mit Wunden, die Sie nicht immer sehen können. Ihre Lieblingssprüche, Rituale oder Symbole mögen sich für Sie sicher anfühlen, können aber bei jemand anderem alte Narben wieder aufreißen. Weisheit beginnt damit, ihren Schmerz zu sehen, bevor man seine Traditionen verteidigt.

Weisheit jenseits von Mauern entdecken

Spirituelle Weisheit lebt nicht nur auf Kanzeln oder in heiligen Büchern. Sie pulsiert durch die Rhythmen des Alltags, in der Basslinie eines Liedes, das Sie aufbricht, im Sonnenaufgang, der Sie überrascht, in der zitternden Stimme eines Menschen in einem Genesungskreis, der sagt: "Ich hätte es heute Abend fast nicht hierhergeschafft." Weisheit findet sich in Gedichten, im Lachen am Esstisch, im Wind, der Ihnen beim Spaziergang ins Gesicht streicht, oder in dem tränenreichen "Ich auch" von jemandem, der schon einmal dort war, wo Sie jetzt sind.

Die Heilige Schrift, ob in der Hebräischen Bibel (Altes Testament) oder im Neuen Testament, ist eine reiche Quelle der Weisheit. Sie erzählt uns Geschichten von Versagen und Erlösung, von Verbannten, die eine Heimat fanden, von Ausgestoßenen, die gesehen wurden, und von gebrochenen Menschen, die wiederhergestellt wurden. Sie bietet tiefe Wahrheiten über Liebe, Gerechtigkeit, Barmherzigkeit und Gnade. Aber sie ist nicht unsere einzige Quelle. Das Heilige ist nicht auf die Seiten eines einzigen Buches beschränkt. Gottes Weisheit zeigt sich in der Stimme eines Sponsors, in der Ehrlichkeit eines Freundes, in Genesungssprüchen, in Kunst und Natur und dort, wo die Religion manchmal übersieht.

Glaubensführer, hier müssen Sie innehalten und sich fragen: Wen wollen Sie wirklich erreichen? Ist es Ihre Mission, andere Gemeindemitglieder zu beeindrucken, oder ist es Ihre Mission, den Leidenden, Gebrochenen, Ausgestoßenen und Ausgegrenzten beizustehen? Trifft Letzteres zu – und das sollte es auch sein –, müssen Sie vielleicht einige Ihrer liebgewonnenen Traditionen und "kirchlichen" Gepflogenheiten aufgeben. Wenn ein Ritual, ein Satz oder ein Symbol Insidern ein gutes Gefühl gibt, Außenstehende aber abschreckt, sabotiert es genau die Mission, der Sie angeblich dienen.

Wenn es die Mission tötet, dann tötet die Tradition. Jesus tat dies ständig. Er heilte am Sabbat, selbst als die religiösen Torwächter sich sträubten, und er hieß diejenigen willkommen, die als unrein abgetan wurden. Er zeigte uns, dass Gottes Liebe zu dringend und zu wild ist, um sich an Regeln zu binden, die die Mächtigen schützen, aber die Verletzten ignorieren. Wenn es darum geht, die Verzweifelten und Vergessenen zu erreichen, kann der Trost der Insider nicht die Priorität sein.

Für Führungskräfte bedeutet dies, mit verschiedenen Quellen der Weisheit zu interagieren und sich von Gott aus der eigenen Komfortzone führen zu lassen. Die Heilige Schrift ist wichtig, aber sie ist nicht der einzige Lehrer. Gott ist nicht auf Ihre Tradition, Ihre Übersetzung oder Ihre bevorzugte Theologie beschränkt. Gott ist groß genug, um in der erschütternden Geschichte eines Süchtigen, in den Texten eines Liedes im Radio oder in der zerbrechlichen Hoffnung, die Sie unter einem sternenklaren Himmel spüren, gegenwärtig zu sein.

Das kann für diejenigen von uns, die darauf trainiert sind, die Grenzen "orthodoxer" Antworten zu wahren, beunruhigend sein. Doch der Geist bewegt sich, wohin er will, und lässt sich nicht von unseren Systemen einschränken. Um spirituelle Weisheit ohne religiösen Ballast zu vermitteln, muss man bereit sein, die vertrauten Grenzen zu verlassen und darauf zu vertrauen, dass Gott einem dort begegnet. Dieses Vertrauen verwässert die Heilige Schrift nicht, sondern ehrt sie. Dieselben Schriften, die von Propheten berichten, die Gott im Flüsterton hörten, und von Hirten, die Engel sahen, erinnern uns auch daran, dass das Göttliche nicht eingeschlossen werden kann. Gottes Fingerabdrücke sind überall und warten darauf, bemerkt zu werden.

Praktiken, die nicht schaden

Spirituelle Praktiken müssen nicht kompliziert oder dogmatisch sein. Sie können einfach, unverfälscht und zugänglich sein:

Atmung: Atmen Sie dreimal langsam und bewusst ein. Nehmen Sie wahr, dass Sie leben.

Dankbarkeitslisten: Schreiben Sie drei Dinge auf, für die Sie dankbar sind, auch wenn eines davon nur lautet: "Ich habe den heutigen Tag überstanden."

Erzählkreise: Erzählen Sie einen Moment aus Ihrer Woche, der etwas in Ihnen bewegt hat. Hören Sie zu, ohne zu korrigieren, ohne zu predigen.

Spaziergänge in der Natur: Gehen Sie nach draußen. Lassen Sie sich vom Wind auf Ihrer Haut daran erinnern, dass Sie Teil von etwas Größerem sind.

Gebet und Meditation: Nehmen Sie sich jeden Tag ein paar ruhige Momente Zeit, um sich zu sammeln. Das muss nicht formell oder nach einem festen Plan geschehen. Es kann so einfach sein, wie ehrlich mit Gott zu sprechen oder still dazusitzen und zuzuhören.

Heilige Texte lesen: Erforschen Sie die Heilige Schrift oder andere Schriften, die Weisheit und Hoffnung vermitteln. Die Heilige Schrift bleibt eine wichtige Quelle, kann aber mit neuen Augen betrachtet werden. Lesen Sie sie nicht als Waffe, sondern als Wegweiser, der auf die Gnade hinweist.

Diese Praktiken verlangen nicht, dass man Glaubensbekenntnisse rezitiert oder Glaubenserklärungen unterzeichnet. Sie laden dazu ein, sich so zu zeigen, wie man ist. Für spirituelle Flüchtlinge können sie sanfte Türen zu einer Verbindung ohne Angst vor

Verurteilung sein. Und für viele ist dies der Ort, an dem Gott ihnen wieder begegnet – nicht in Scham oder Kontrolle, sondern in Zärtlichkeit und Präsenz.

Demut, Neugier und Fragen

Weisheit ohne Ballast zu lehren, erfordert Demut. Es erfordert, zuzugeben, dass man nicht alle Antworten hat. Das ist schwer, besonders für Führungskräfte, die darauf trainiert wurden, Gewissheit zu haben, jede Lehre zu verteidigen und niemals zu sagen: "Ich weiß es nicht." Aber Fragen sind keine Bedrohung für den Glauben, sie sind ein Weg dorthin. Fragen öffnen Türen, die Gewissheit hält geschlossen. Sie laden zum Dialog, zur Erkundung und zum Wachstum ein. Ihre ehrlichen Fragen disqualifizieren Sie nicht, sondern können einen tieferen, belastbareren spirituellen Weg ebnen.

Nicht Zweifel ist der Feind des Glaubens, sondern Gleichgültigkeit. Zweifel bedeutet, dass einem die Dinge wichtig genug sind, um sich mit den großen Dingen auseinanderzusetzen. Tatsächlich vertieft Zweifel oft den Glauben, räumt mit oberflächlichen Klischees auf und zwingt uns, dem Heiligen ehrlicher zu begegnen. Für Jesus waren Zweifel nie ein Problem. Im Matthäusevangelium, als die Jünger nach der Auferstehung mit Jesus auf dem Berg standen, heißt es, einige beteten an, andere zweifelten. Jesus wies die Zweifler nicht zurecht. Er schickte sie nicht weg. Er stand ihnen bei, gab ihnen eine Mission und vertraute darauf, dass sie trotz ihrer Fragen Hoffnung in die Welt tragen würden.

Neugier ist mächtig. Fragen Sie: "Was gibt Ihnen im Moment Hoffnung?" oder "Was war heute das Schwierigste?" oder auch: "Wo fühlen Sie sich am lebendigsten?" Das sind keine Tests Ihrer Orthodoxie. Es sind Einladungen zu tieferer Verbundenheit. Weisheit wächst in dem Raum, in dem sich Menschen sicher fühlen, zu erforschen, zu zweifeln und zu staunen.

Liebe Führungskräfte, die Welt braucht keine weiteren geschliffenen Reden. Sie braucht Wegweiser, die bereit sind, gemeinsam mit den Menschen zu lernen, die ein gebrochenes Herz haben. Lehren Sie, indem Sie fragen, zuhören und Staunen vorleben. Zeigen Sie, dass Glaube eine Reise sein kann, kein Verkaufsgespräch. Gott fühlt sich durch Fragen nicht bedroht, er begegnet den Menschen in ihnen.

Ein Aufruf an die Führungskräfte
Menschen vor Systemen

Hier wird es unangenehm. Wenn Ihre Traditionen, Rituale oder Symbole verletzte Menschen davon abhalten, durch die Tür zu kommen, haben Sie die Wahl: Schützen Sie das System oder schützen Sie die Menschen. Jesus erwählte immer die Menschen. Er heilte am Sabbat, selbst als die Regelhüter protestierten. Er berührte Aussätzige. Er hieß Außenseiter willkommen. Er brach religiöse Erwartungen, um die Ungeliebten zu lieben.

Aber ich möchte auch Ihnen, dem Leiter, dem Förderer, dem Elternteil, dem Freund, der darum kämpft, einen neuen Lebensweg zu finden, Mut machen. Es ist nicht leicht, das Alte aufzugeben. Es ist nicht leicht, die

Redewendungen, Praktiken und Haltungen, die man gelernt hat, zu überdenken. Es ist harte Arbeit, alte Gewohnheiten zu verlernen und sich gegenüber Menschen mit tiefen Narben verletzlich zu zeigen. Und doch betreten Sie jedes Mal, wenn Sie sich für Liebe statt Angst entscheiden, für Zuhören statt Predigen, für Dasein statt Weggehen, heiliges Terrain.

An alle, die es versuchen wollen: Ihr seid bereits Teil der Transformation. Ihr wählt den Weg, den Jesus vorgelebt hat – den Weg, auf dem Beziehungen wichtiger sind als Regeln, auf dem Verbundenheit wichtiger ist als Kontrolle und auf der Gnade schwerer wiegt als Urteil. Ihr baut eine neue Art von Gemeinschaft auf, in der Süchtige, ihre Angehörigen und spirituelle Flüchtlinge wieder aufatmen können.

Aber hören Sie auch: Wir können nicht auf perfekte Bedingungen warten oder darauf, dass jemand anderes den ersten Schritt macht. Die Wunden sind zu tief, der Einsatz zu hoch. Menschen sterben im Stillen, im Glauben, sie seien unerreichbar. Sie brauchen uns jetzt. Sie brauchen Ihren Mut, Ihre Menschlichkeit, Ihre Bereitschaft, sich diesem Chaos zu stellen.

Hier ist also die Bitte: Lass dich von der Liebe leiten, auch wenn es dich Komfort kostet. Lass Mitgefühl deine Angst vor Fehlern übertreffen. Trau dich, die Barrieren niederzureißen, die Menschen ausschließen. Trau dich, Räume zu schaffen, in denen Narben gewürdigt werden, Zweifel willkommen sind und Gottes Gnade größer ist, als sich irgendjemand vorstellen kann. Wähle Menschen statt Systeme, jedes Mal.

Ob religiöse Führer, Süchtige, Familien oder spirituelle Flüchtlinge: Schädliche Religion abzulehnen bedeutet nicht, Gott abzulehnen. Es bedeutet, das Giftige wegzuräumen, damit etwas Wahres leben kann. Gott ist noch nicht fertig mit dir. Gottes Weisheit wartet auf dich, in den Geschichten, die du erzählst, in dem Atem, den du nimmst, in den stillen Räumen, in denen die Liebe flüstert: "Du bist nicht allein."

Reflexionsfragen zu Kapitel 6

Wenn Sie an die religiöse Last denken, die Sie möglicherweise mit sich herumtragen, welche konkreten Erinnerungen, Botschaften oder Erfahrungen belasten Sie am meisten? Wie haben diese Ihr Bild von Gott oder Ihrer Gemeinschaft geprägt?

Wo außerhalb traditioneller religiöser Räume (Natur, Musik, Selbsthilfegruppen, Gespräche mit Freunden) haben Sie etwas Heiliges oder Lebensspendendes erlebt? Wie hat dieser Moment Sie dazu gebracht, sich Gott anders vorzustellen?

Welche Traditionen, Redewendungen oder "kirchlichen" Gewohnheiten müssen Sie möglicherweise aufgeben (entweder persönlich oder innerhalb Ihrer Gemeinde), um die Leidenden, die Gebrochenen und die Ausgegrenzten wirksamer zu erreichen?

Welche spirituellen Praktiken (Atmung, Gebet, Meditation, Lesen heiliger Texte, Dankbarkeitslisten, Erzählkreise) erscheinen Ihnen derzeit am zugänglichsten? Wie könnte eine dieser Praktiken Ihnen helfen, diese Woche wieder Hoffnung zu schöpfen oder andere zur Heilung einzuladen?

Kapitel 7
Zuhören als radikaler Akt

Die Stille, die rettet

Es war spät an einem Donnerstagabend, als Jason allein in seinem Auto vor einem Selbsthilfetreffen saß. Seine Hände zitterten am Lenkrad, die Knöchel waren weiß auf dem Leder. Im Kopf hatte er Dutzende von Varianten durchgespielt, was er sagen würde, wenn er hineinginge. Jede war eine sorgfältig konstruierte Halbwahrheit, die ihn besser aussehen lassen sollte, weniger verzweifelt. Er stellte sich vor, wie er sich so vorstellte, dass sein Schmerz gelindert würde. Er erwähnte den Stress bei der Arbeit, die schwierige Phase seiner Ehe, das Pech, das ihn hierhergeführt hatte. Alles außer der nackten Realität: dass sein Trinken Beziehungen zerstört, ihn Jobs gekostet und ihn die meiste Nacht an die Decke starren ließ und ihn fragen ließ, ob das Leben es noch wert war, es zu versuchen.

Jason hatte sein ganzes Leben lang gelernt, den Schein zu wahren. In seiner kleinen Kirchengemeinde zeigte man keine Schwäche. Man lächelte, sagte, alles sei "gut", und hielt seine Schwächen hinter verschlossenen Türen. Die geschliffenen Erklärungen waren nicht nur Stolz; sie waren wie eine Rüstung. Sie schützten ihn vor Verurteilung, Mitleid und der Angst, dass die Leute ihn, wenn sie ihn wirklich kannten, verlassen würden.

Während er dasaß und seinen Text probte, lastete die Scham wie eine schwere Last auf ihm. Der Gedanke, die Wahrheit zuzugeben (dass er ertrank), war unerträglich. Dann bemerkte ihn ein Mann aus der Versammlung und näherte sich leise. Er fragte weder nach Jasons Geschichte noch gab er Ratschläge. Er lehnte sich an Jasons Motorhaube und sagte leise: "Du musst das nicht alleine machen." Sie standen still da, keine Reden, keine Forderungen. Zum ersten Mal seit Monaten fühlte sich Jason gesehen, ohne etwas vormachen zu müssen.

Zuhören, manchmal sogar stilles Zuhören, kann einen Menschen aus der Krise holen. In einer Welt voller Lärm und Meinungen ist wahres Zuhören eine stille Rebellion. Es sagt: Deine Geschichte zählt. Du zählst. Und diese Art des Zuhörens ist nicht nur freundlich, sondern dringend. Ohne sie bleiben Menschen in Hoffnungslosigkeit und Verzweiflung gefangen. Manche sind von Schweigen und Scham so niedergeschmettert, dass sie sich das Leben nehmen. Wir stehen solidarisch mit ihnen, wenn wir uns entscheiden, zuzuhören, ohne zu korrigieren oder zu belehren. Zuhören ist der erste Akt, der einfache, aber heilige Weg zur Hoffnung.

Warum Zuhören so schwerfällt

Zuhören klingt einfach, kostet aber etwas. Es bedeutet, langsamer zu werden, wenn in unserer Kultur alles "Beeil dich!" schreit. Es bedeutet, mit Unbehagen dazusitzen, wenn alles in uns etwas in Ordnung bringen, erklären oder weitermachen will. Für Angehörige von

Süchtigen kann sich Zuhören wie Schwäche anfühlen: "Wenn ich nichts sage, denken sie dann, ich sei einverstanden?" Für spirituelle Flüchtlinge kann schon das Eingreifen in ein Gespräch, in dem jemand behauptet, "zu wissen, was das Beste ist", Wunden wieder aufreißen.

Die Wahrheit ist: Zuhören bedroht unsere Illusion von Kontrolle. Ratschläge geben uns das Gefühl, nützlich zu sein. Lösungen geben uns das Gefühl, die Kontrolle zu haben. Präsenz (einfach nur da zu sein) kann jedoch beängstigend sein, weil sie uns zwingt, uns unserer Machtlosigkeit zu stellen. Zuhören erfordert, dass wir uns mitten in den Schmerz eines anderen stellen, ohne nach einfachen Antworten zu greifen.

Jesus verstand das. Er hörte Menschen zu, die von anderen ignoriert wurden. Er blieb für eine Frau stehen, die sein Gewand berührte, und ließ sie die ganze Wahrheit sagen, während alle anderen ihn drängten, weiterzugehen. Er kniete im Staub, während eine wütende Menge ein Urteil forderte, und wartete darauf, dass die des Ehebruchs angeklagte Frau ihre Stimme fand, anstatt sie durch Verurteilung zum Schweigen zu bringen. Er teilte Mahlzeiten mit Steuereintreibern und Sündern und hörte sich ihre Geschichten an, ohne sie durch Beschämung zum Schweigen zu bringen. Er ließ zu, dass Blinde ihn über den Lärm der Menge hinweg anriefen und fragten: "Was soll ich für dich tun?", als ob ihre Stimmen und Wünsche wichtiger wären als die Erwartungen der religiösen Elite.

Das ist die Macht des Zuhörens: Es gibt Menschen, die beschämt, abgewiesen oder übersehen wurden, die Würde zurück. Es zeigt Menschen, die gesehen und wertgeschätzt werden. Jesu Zuhören war nicht passiv; es war eine radikale Tat, die Herzen heilte, bevor ein Wunder ihren Körper berührte. Und es heilt auch heute noch, wenn wir uns für dieses Zuhören entscheiden.

Zuhören als Liebe in Aktion

Zuhören ist nicht passiv. Es ist ein Akt der Liebe. Die Weisheit der Genesung sagt: "Wir hören zu, um zu heilen." Wirklich zuzuhören bedeutet zu sagen: Du musst dich für mich nicht verstellen. Du musst deinen Schmerz nicht beschönigen, um ihn erträglich zu machen.

Für Süchtige und spirituelle Flüchtlinge, die oft belehrt, verurteilt oder abgewiesen wurden, ist Zuhören ein Beweis dafür, dass ihre Menschlichkeit intakt ist. Es ist eine Erklärung: "Dein Wert ist nicht an deine Leistung gebunden. Ich werde dir Raum geben, genau so, wie du bist."

Das gilt aber genauso für die Angehörigen von Süchtigen. Sie tragen ihre eigenen stillen Wunden, jahrelange schlaflose Nächte, hinterfragen jede Entscheidung und wappnen sich für die nächste Krise. Allzu oft fühlen sich Familien unsichtbar. Ihnen wird gesagt, sie sollten "sich einfach lösen" oder "stark bleiben", ohne dass sich jemand ihren Kummer anhört. Ihnen zuzuhören ist ein Akt des Mitgefühls, der sagt: Auch dein Schmerz ist wichtig. Deine Angst, deine Wut, deine Erschöpfung sind real, und sie verdienen einen sicheren Ort, an dem sie ankommen können.

Wenn Familien und Freunden die Möglichkeit gegeben wird, ihre Wahrheit ohne Vorurteile zu sagen, verliert auch die Scham etwas von ihrer Macht. Sie können dann durchatmen, trauern und mit der Heilung ihres eigenen Herzens beginnen – nicht nur für den Süchtigen, den sie lieben, sondern auch für sich selbst. Zuhören gibt beiden Seiten der Sucht ihre Würde zurück.

Zuhören ohne Agenda
Viele von uns machen sich des Zuhörens schuldig, weil sie eine bestimmte Absicht verfolgen. Wir warten auf eine Pause in der Geschichte eines anderen, um Ratschläge, einen Bibelvers oder ein "Haben Sie schon versucht…?" einzufügen. Radikales Zuhören manipuliert oder lenkt jedoch nicht. Es urteilt nicht und versucht auch nicht, subtil zu korrigieren. Es lädt den anderen ein, sich ohne Angst vor Korrekturen zu entfalten.

Reflektiertes Zuhören kann hilfreich sein: Wiederholen Sie, was Sie gehört haben ("Es klingt, als wären Sie erschöpft und ängstlich") oder bestätigen Sie die Erfahrung des Gegenübers ("Das klingt brutal; ich verstehe, warum Sie überfordert sind"). Diese einfachen Sätze sind eine Lebensader für Menschen, die abgewiesen oder beschämt wurden.

Präsenz statt Perfektion
Man braucht keine perfekten Worte, um etwas zu bewirken. "Ich bin da" reicht oft schon. Präsenz vermittelt, was Ratschläge nie vermitteln können: dass der Schmerz des Menschen nicht zu schwer ist, um ihn

zu ertragen, und dass seine Geschichte nicht zu kompliziert ist, um gehört zu werden.

Aber Perfektionismus kann uns im Weg stehen. Zu oft zögern wir, uns zu melden, weil wir Angst haben, das Falsche zu sagen oder nicht das "richtige" Gebet oder den "richtigen" Rat zu kennen. Wir zögern, uns zu melden, bis wir vollständig vorbereitet sind. Doch dieses Zögern kann dazu führen, dass sich jemand noch mehr im Stich gelassen fühlt. Unsere Besessenheit, es "richtig" zu machen, kann echten Schaden anrichten.

Die Wahrheit ist: Gott brauchte unsere Perfektion nie. In den Evangelien verlangte Jesus nie perfekte Worte oder perfektes Verhalten, bevor er Liebe schenkte. Er war einfach für die Menschen da, wo sie waren – an einem Brunnen, am Straßenrand, im Haus eines Steuereintreibers und überall. Genauso brauchen Süchtige, ihre Angehörigen und spirituelle Flüchtlinge keine Perfektion. Sie brauchen deine Anwesenheit. Sie müssen wissen, dass du trotz deiner Unbeholfenheit, deiner Unsicherheit und deiner zitternden Stimme bei ihnen bist. Unvollkommenheit ist immer noch Anwesenheit. Perfektionismus baut Mauern. Anwesenheit reißt sie nieder.

Wenn Worte nötig sind

Zuhören bedeutet nicht, ewig zu schweigen. Manchmal, nachdem Vertrauen aufgebaut wurde, können sanfte Worte Hoffnung bringen. Aber der richtige Zeitpunkt ist entscheidend. Zu frühes Sprechen kann einen Menschen verstummen lassen oder ihm das Gefühl geben, verurteilt zu werden. Der erste Schritt besteht darin, lange genug zuzuhören, damit sich der andere gesehen und nicht bewertet fühlt.

Wenn der richtige Zeitpunkt gekommen ist, müssen Ihre Worte nicht tiefgründig sein. Sie müssen die Situation nicht verbessern oder eine hieb- und stichfeste Lösung bieten. Oft sind die heilsamsten Worte einfach und ehrlich: "Ich kenne nicht alle Antworten, aber ich bin bei dir." Oder: "Das klingt unerträglich, und ich sehe deine Stärke darin, dass du heute da bist." Diese Sätze erinnern den anderen daran, dass er nicht allein ist und dass seine Geschichte nicht zu groß für die Liebe ist.

Manchmal, wenn jemand in einer Abwärtsspirale steckt, kann ein leiser, ohne Druck ausgesprochener Hoffnungsschimmer ihm helfen, wieder durchzuatmen. Aber sprechen Sie langsam, sanft und demütig. Sprechen Sie erst, wenn Sie sich das Recht verdient haben, gehört zu werden. Präsenz zuerst. Worte dann. So wird Ihre Stimme zur Brücke, nicht zur Barriere.

Hindernisse für radikales Zuhören

Mehrere Barrieren können uns davon abhalten, wirklich zuzuhören:

Stolz: Der Glaube, dass Sie bereits wissen, was das Beste ist.

Angst: Die Sorge, etwas Schmerzhaftes zu hören oder ins Chaos hineingezogen zu werden.

Ablenkung: Zulassen, dass Geschäftigkeit und Lärm die eigene Präsenz verdrängen.

Um diese Barrieren zu überwinden, braucht es Demut und Mut. Es bedeutet zu erkennen, dass es beim

Zuhören nicht um Kontrolle, sondern um Verbindung geht.

Die spirituelle Dimension des Zuhörens

Zuhören spiegelt die Art und Weise wider, wie Gott uns begegnet: nicht mit Verurteilung, sondern mit Gegenwart. In der gesamten Heiligen Schrift hört Gott zu: auf die Schreie der Unterdrückten, auf Hannas stilles Gebet, auf Jesus, der im Garten weinte. Für spirituelle Flüchtlinge ist es wichtig, sich daran zu erinnern, dass Gott nicht die Stimme beschämender Vorträge ist. Gott ist die stille Gegenwart, die dein Stöhnen hört, selbst wenn du keine Worte finden kannst.

Zuhören kann auch eine spirituelle Disziplin für den Zuhörer sein. Wenn Sie den Schmerz eines anderen, ohne mit der Wimper zu zucken ertragen, beginnen Sie, Gottes Bild in ihm zu erkennen – und in sich selbst. Sie lernen zu vertrauen, dass die Gnade Geschichten enthalten kann, die zu schwer für Sie allein sind.

Ein Aufruf an die Community

Heilungsgemeinschaften bauen auf radikalem Zuhören auf. Aber seien wir ehrlich: Das ist keine leichte Aufgabe. Eine Kultur des Zuhörens zu schaffen, erfordert Zeit, Demut und die Bereitschaft, sich unwohl zu fühlen. Es ist viel einfacher, sich auf oberflächliche Gespräche zu beschränken oder sich in Cliquen von Menschen zurückzuziehen, die so denken, reden und leben wie wir. Aber wenn wir es ernst meinen mit der Schaffung von Räumen, in denen Süchtige, ihre Angehörigen und spirituelle Flüchtlinge wieder aufatmen können, müssen wir uns der harten, heiligen Arbeit des Zuhörens widmen.

Schaffen Sie in Ihrer Community gezielte Momente, in denen Geschichten geteilt und wirklich gehört werden können. Üben Sie Sätze wie "Erzähl mir mehr" oder "Das klingt wirklich heftig; danke für Ihr Vertrauen." Machen Sie es deutlich: Das Ziel ist nicht, zu reparieren, zu retten oder zu debattieren, sondern Zeugnis abzulegen. Legen Sie einfache Grundregeln fest: Vertraulichkeit, keine Unterbrechungen, keine unaufgeforderten Ratschläge und keine Wertung. Diese Grenzen ermöglichen es Menschen, die anderswo zum Schweigen gebracht oder an den Pranger gestellt wurden, ehrlich zu sprechen.

In der FREE Recovery Community finden unsere Gottesdienste samstagabends statt. Nach meiner Predigt laden wir immer einen Gasterzähler ein, der von seinen Erfahrungen, seiner Kraft und seiner Hoffnung zum Thema des Abends erzählt. Dabei sprechen sie frei und ohne Angst vor Verurteilung. Ihre Geschichten werden weder redigiert noch beschönigt. Sie teilen Hoffnung, und wir als Gemeinschaft hören zu. Es ist ein lebendiges, praktisches Beispiel für radikales Zuhören, und die Verantwortung liegt bei uns allen, nicht nur bei einem Einzelnen. Die Kraft liegt in der gemeinsamen Bereitschaft zuzuhören, Raum zu geben und die Wahrheit eines anderen zu würdigen.

Geben Sie Ihrer Community die richtigen Werkzeuge zum Zuhören an die Hand. Bringen Sie ihnen Techniken des reflektierten Zuhörens bei: Wiederholen oder paraphrasieren Sie, was jemand gesagt hat, damit sich die Person verstanden fühlt. Fördern Sie aktives Zuhören. Schalten Sie Telefone aus, stellen Sie Blickkontakt her und widerstehen Sie der Versuchung, eine Antwort zu formulieren, während jemand noch spricht. Üben Sie Schweigen. Manchmal ist es das größte Geschenk, still dazusitzen und die Bedeutung der Geschichte eines anderen im Raum wirken zu lassen, ohne ihn schnell zu füllen.

Machen Sie sich bewusst, dass diese Arbeit manchmal anstrengend ist. Harte Geschichten können Ihren eigenen Schmerz verstärken, Ängste auslösen oder Sie hilflos zurücklassen. Das ist normal. Zuhören bedeutet nicht, unendlich stark zu sein; es geht darum, mit der eigenen Kraft zu erscheinen und darauf zu vertrauen, dass die Gnade die Lücken füllt. Achten Sie auf sich selbst, so wie Sie sich um andere kümmern: Besprechen Sie die Situation mit vertrauenswürdigen Freunden oder Mentoren, treten Sie bei Bedarf zurück und erden Sie sich durch Ihre eigenen Gebets-, Meditations- oder Reflexionspraktiken.

Radikales Zuhören durchbricht den Kreislauf der Scham. Es baut Brücken zwischen Menschen, die dachten, sie hätten nichts gemeinsam. Es erinnert diejenigen, die in Verzweiflung versinken, daran, dass sie nicht unsichtbar sind.

An alle, die dies lesen und sich von der Aufgabe überfordert fühlen: Ihr Einsatz zählt. Auch wenn Sie nicht sicher sind, ob Sie es "richtig" machen, kann Ihre Bereitschaft zuzuhören jemandes Leben verändern. Der Süchtige am Rande der Krise, der geliebte Mensch, der am seidenen Faden hängt, der spirituelle Flüchtling, der sich fragt, ob eine Glaubensgemeinschaft ihm jemals wieder Sicherheit bieten kann – sie alle brauchen Gemeinschaften, die ihnen beistehen. Gemeinschaften, in denen Schweigen durch mitfühlendes Zuhören gebrochen wird. Gemeinschaften, die Präsenz statt Perfektion wählen.

Diese Arbeit ist nicht einfach. Sie wird Ihre Geduld, Ihr Herz und Ihr Ego auf die Probe stellen. Aber sie ist notwendig. Sie ist ein Werk der Gnade. Und jedes Mal, wenn Sie sich einer Geschichte zuwenden, schaffen Sie einen heiligen Raum, in dem die Hoffnung wieder aufleben kann.

Reflexionsfragen zu Kapitel 7

Wann hat Ihnen das letzte Mal jemand wirklich zugehört, ohne Sie zu unterbrechen, zu korrigieren oder zu verurteilen? Wie hat es Sie beeinflusst?

Welche Ängste oder Gewohnheiten halten Sie davon ab, anderen aufmerksam zuzuhören, insbesondere denen, die Schmerzen haben?

Denken Sie an einen geliebten Menschen oder ein Mitglied Ihrer Gemeinschaft, das von Sucht betroffen ist. Wie könnte radikales Zuhören Ihre Beziehung zu dieser Person verändern?

Wie könnten Sie oder Ihre Community bewusst sichere Räume schaffen, in denen Menschen ihre Geschichten erzählen können, ohne Angst vor Scham oder Ausgrenzung haben zu müssen?

Kapitel 8
Den Verletzten helfen, ohne den Retter zu spielen

Der Bruchpunkt
Eine Konfrontation zwischen Brüdern

Das Geschrei begann, noch bevor Eli die Haustür geschlossen hatte. Marks Stimme überschlug sich vor Wut und Erschöpfung: "Du hast mich wieder angelogen, Eli. Ich habe wieder deine Miete bezahlt, und du hast gesagt, du wärst sauber." Er ballte die Fäuste, nicht drohend, sondern in einem verzweifelten Versuch, nicht zusammenzubrechen. Eli stand mit hängenden Schultern da, der Geruch von abgestandenem Alkohol wehte ihm entgegen.

"Das ist nicht das, was du denkst", murmelte Eli und starrte auf die Dielen. Aber Mark glaubte ihm das nicht. Er hatte die Geschichten, die Halbwahrheiten satt. Er hatte es satt, mit anzusehen, wie sein Bruder immer weiter abstürzte, während die Familie ihre Ersparnisse plünderte und Erinnerungen verpfändete, nur um ihn über Wasser zu halten. Er hatte die geflüsterten Streitereien mit ihren Eltern satt, ob sie Eli den Geldhahn zudrehen sollten. Die Rechnungen stapelten sich. Das Vertrauen lag in Trümmern. Und das Schlimmste: Der Glaube, der ihre Familie einst gestützt hatte, fühlte sich nun wie ein weiteres Opfer an.

"Ist dir überhaupt klar, was du uns antust?" Marks Stimme wurde lauter, dann weicher, halb Wut, halb Herzschmerz. "Papa macht Extraschichten. Mama spricht kaum. Und ich? Ich stehe hier und frage mich, ob ich dich hassen oder umarmen soll." Die darauffolgende Stille war erdrückend. Schließlich blickte Eli auf. Seine eigene Wut flackerte auf, bevor sie sich in etwas viel Schmerzhafteres auflöste: Scham.

In diesem Moment gab es keine perfekten Worte. Keine klaren Lösungen. Nur zwei Brüder, gefangen in den Trümmern der Sucht, einer ertrank darin, der andere rang neben ihm nach Luft.

Benennung der Wrackteile, die Familien mit sich herumtragen

Familien, die mit einer Sucht leben, bewegen sich durch unsichtbare Minenfelder. Jeder Tag fühlt sich an, als würde man sich auf die nächste Explosion vorbereiten. Finanzielle Belastungen werden zum ständigen Begleiter, Hypotheken werden nicht zurückgezahlt, Ersparnisse verschwinden und Urlaube werden still abgesagt. Erschüttertes Vertrauen hängt in der Luft wie Rauch, der sich nicht verziehen will. Wut auf Gott brodelt neben der Wut aufeinander, und Scham überschattet jedes Familientreffen. Nicht nur der Süchtige schämt sich, sondern die ganze Familie. Die Scham flüstert einem zu, dass man etwas falsch gemacht haben muss, dass andere einen beobachten, dass man allein ist.

An alle Brüder, Schwestern, Eltern und Ehepartner, die das hier lesen: Deine Erschöpfung ist real. Dein Schmerz ist berechtigt. Du lebst in einem Sturm, der nicht nachlässt, und hast es satt, so zu tun, als wäre alles in Ordnung. Du bist nicht schwach, weil du dich gebrochen fühlst – du bist ein Mensch.

Warum die Kommunikation oft scheitert
Wenn Angst und Erschöpfung überhandnehmen, kann auch die Kommunikation zum Opfer fallen. Manchmal sprechen wir aus Panik: Die Worte klingen scharf, spitz oder verzweifelt. Manchmal versinken wir in Schweigen und Denken, es sei sicherer, gar nichts zu sagen. Wut wird zum Schutzschild. Ultimaten werden zu Waffen. Gespräche werden vermieden, weil alle zu viel Angst haben, einen weiteren Streit anzuzetteln.

In Familien sind diese Muster häufig:

Gespräche, die mit Liebe beginnen, sich aber in Anschuldigungen verwandeln.

Spätabendliche SMS voller Schuldzuweisungen und Bedauern.

Die stille Behandlung, die sich sicherer anfühlt, als weiteren Schmerz zu riskieren.

Halbherziger Smalltalk, weil es unmöglich erscheint, über den wahren Schmerz zu sprechen.

Wenn Sie sich in diesen Mustern wiedererkennen, sind Sie nicht allein. Niemand von uns kommuniziert perfekt, wenn es um Leben und Tod geht. Die gute Nachricht: Es gibt einen anderen Weg.

Die Wahrheit sagen, ohne Scham oder Schuld
Jemandem, den man liebt, die Wahrheit zu sagen, ist schwer, besonders wenn die Sucht das Vertrauen

zerstört hat. Doch Beschämung oder Schuldzuweisungen führen selten zur Heilung. Scham drängt Menschen in die Enge. Sie treibt sie tiefer in die Isolation, und Isolation nährt die Sucht. Schuldzuweisungen mögen gerechtfertigt erscheinen, bauen aber Mauern statt Brücken.

Schuldzuweisungen sind ein nie endender Kreislauf, der alle Beteiligten in die Falle locken kann. Wenn Schuldzuweisungen fliegen, tut das nicht nur weh, sondern gerät in eine Spirale. Jedes Gespräch wird zu einem Schlachtfeld, auf dem niemand gewinnt. Schuldzuweisungen können dazu führen, dass sich die Person, die sie macht, gejagt fühlt und sich zurückzieht oder um sich schlägt. Familienmitglieder fühlen sich vielleicht kurzzeitig im Recht, fühlen sich danach aber innerlich leerer. Es ist eine gefährliche Spirale, weil sie jeden in seiner Rolle gefangen hält: den des Anklägers und des Angeklagten, des Retters und des Bösewichts.

Schlimmer noch: Schuldzuweisungen verleiten uns dazu, die Opferrolle zu spielen. Sie flüstern uns ein, dass alle Macht und Verantwortung woanders liegen, dass alles in Ordnung wäre, wenn sich nur der andere ändern würde. Doch in der Opferrolle zu verharren, bringt niemanden weiter. Es heilt keine Wunden und baut kein Vertrauen wieder auf. Es hält alle fest.

Ehrliche Kommunikation beginnt mit Bescheidenheit und Mitgefühl. Verwenden Sie "Ich"-Aussagen, um aus Ihrem Herzen zu sprechen, anstatt Anschuldigungen zu erheben:

"Ich habe Angst um dich" statt "Du machst uns kaputt."

"Es tut mir weh, wenn du lügst" statt "Du bist ein Lügner."

Vermeiden Sie persönliche Angriffe. Konzentrieren Sie sich auf das Verhalten und seine Wirkung. Verankern Sie Ihre Worte in Liebe, nicht in Kontrolle. Denken Sie daran: Ihr Ziel ist die Verbindung, nicht der Sieg in einem Streit.

Und denken Sie daran: Die Wahrheit zu sagen bedeutet nicht, destruktives Verhalten zu entschuldigen. Sie können den Schaden benennen, ohne die Person zu verurteilen. Sie können sagen: "Das ist nicht in Ordnung", und gleichzeitig sagen: "Ich liebe dich."

Grenzen, die Liebe bewahren

Grenzen sind kein Verrat, sie sind Lebensadern. Sie sind die Zäune, die die Liebe schützen. In Familien, die durch Sucht zerstört wurden, können Grenzen grausam erscheinen. Schuldgefühle flüstern ein, dass das Setzen einer Grenze mit Verlassenheit gleichzusetzen ist. Doch in Wahrheit sind Grenzen das Gegenteil von Aufgeben, sie ermöglichen es, zu bleiben.

Grenzen könnten so klingen:

"Ich kann dir kein Geld geben, aber ich lade dich zum Abendessen ein."

"Ich kann dich nicht hierbleiben lassen, wenn du high bist, aber ich hole dich morgen früh ab."

"Ich liebe dich, aber ich werde nicht mehr für dich lügen."

Diese Worte fallen einem nicht leicht. Ihre Stimme könnte zittern. Ihr Herz könnte brechen. Das ist normal. Grenzen sind schwierig, denn Liebe ist tief.

Aber Grenzen verhindern, dass Beziehungen unter der Last des Chaos völlig zusammenbrechen. Sie sind Akte des Mutes und des Mitgefühls, der Raum für Liebe schaffen und gleichzeitig verhindern, dass Schaden entsteht.

Zuhören, auch wenn es weh tut

Einem geliebten Menschen zuzuhören, der in seiner Sucht gefangen ist, kann unerträglich sein. Sie hören vielleicht Verleugnung, Wut oder Schuldzuweisungen, die auf Sie zurückfallen. Sie spüren vielleicht jedes Wort wie eine frische Wunde. Doch Zuhören bedeutet nicht Zustimmung oder Billigung. Zuhören bedeutet, Zeugnis abzulegen. Es geht darum zu sagen: "Ich sehe deinen Schmerz, auch wenn er schlimm ist."

Bodenhaftung kann helfen:
Atmen Sie tief durch, bevor Sie antworten.
Gehen Sie bei Bedarf einen Moment weg, um sich zu sammeln.

Verlassen Sie sich anschließend auf Ihre eigene Unterstützung, auf Freunde, Mentoren oder vertrauenswürdige Community-Mitglieder, die Ihre Gefühle ohne Vorurteile ertragen können.

Zuhören, auch wenn es wehtut, bedeutet nicht, sich von jemandem herumschubsen zu lassen, sondern Raum zu schaffen, in dem die Scham ihren Halt verliert.

Die spirituelle Dimension des Sprechens durch Trümmer

Wenn Familien durch Sucht auseinandergerissen werden, ist Wut auf Gott weit verbreitet. Vielleicht haben Sie tausend Gebete gesprochen und trotzdem miterlebt, wie der Boden unter Ihnen zusammenbrach. Vielleicht haben Sie sich von Ihrem Glauben, dem Sie einst vertrauten, im Stich gelassen oder betrogen gefühlt. Spirituelle Flüchtlinge tragen oft Narben von Kirchen, die mit Plattitüden oder Verurteilung statt mit Mitgefühl reagierten.

Aber Gott ist nicht die Stimme der Scham oder der Urheber der Verlassenheit. Gott ist in den Trümmern gegenwärtig, ruhig, geduldig und stark genug, um deinen Zorn zu ertragen. Jesus selbst saß bei den Trauernden, den Zweifelnden und den Ausgestoßenen, ohne einen geschliffenen Glauben zu verlangen. Wenn du die Wahrheit sagst oder schweigend bei deinem Liebsten sitzt, spiegelst du diese göttliche Gegenwart wider. Du musst Gott oder die Kirche nicht verteidigen. Du bist nicht dazu berufen, die Seele eines anderen zu heilen. Du bist dazu berufen, zu lieben, selbst im Chaos.

Über die Trümmer hinweg zu sprechen ist ein spiritueller Akt, denn es sagt: "Ich werde nicht zulassen, dass Scham oder Verzweiflung das letzte Wort haben." Es schafft einen kleinen Zufluchtsort genau dort, wo Sie sind.

Praktische Tools für schwierige Gespräche

Schwierige Gespräche verlaufen selten angenehm, aber Sie können sich vorbereiten:

Bereiten Sie zuerst Ihr eigenes Herz vor. Nehmen Sie sich Zeit zum Atmen, Beten, Meditieren oder Tagebuchschreiben, bevor Sie sich an einen geliebten Menschen wenden. Konzentrieren Sie sich, damit Angst und Wut nicht das Gespräch bestimmen.

Wählen Sie den richtigen Zeitpunkt. Vermeiden Sie es, mitten in einer Krise oder einem Streit tiefgründige Gespräche zu beginnen. Warten Sie, bis sich die Emotionen ausreichend abgekühlt haben, um einen echten Dialog zu beginnen.

Verwenden Sie bodenständige Sätze. Einfache, klare Sprache funktioniert am besten:

"Ich liebe dich zu sehr, um zu schweigen."

"Ich bin hier, aber ich kann dich nicht retten."

"Ich vertraue darauf, dass Sie den nächsten Schritt tun."

Halte Unterstützung bereit. Ich bespreche das Gespräch nach dem Gespräch mit einem vertrauenswürdigen Freund oder Mentor. Lass jemanden Raum für deine Emotionen. Du bist nicht dazu bestimmt, das alleine durchzustehen.

Ein Wort an den, der am seidenen Faden hängt

Wenn du das liest und das Gefühl hast, am Ende deiner Kräfte zu sein, wenn die Rechnungen überfällig sind, wenn das Vertrauen zerstört ist, wenn du wütend auf Gott und alle anderen bist, dann höre dir Folgendes an: Dein Schmerz ist real, und deine Liebe zählt immer noch. Du bist nicht schwach, weil du müde bist. Du bist müde, weil du einen Kampf ausgefochten hast, der größer ist als du.

An den, der um drei Uhr morgens auf und ab geht, jedes Gespräch noch einmal durchgeht und sich fragt, ob er einen Zauberspruch verpasst hat, der ihn hätte retten können, ... das hat er nicht. An den, der die leeren Flaschen versteckt, die Lügen vertuscht oder Geheimnisse bewahrt, um das Familienimage zu schützen: Du bist nicht allein und nicht unsichtbar. An den, der gebetet hat, bis die Knie schmerzten, ins Kissen geschrien oder zur Decke geflüstert hat: "Gott, wo bist du?" – deine Schreie wurden gehört.

Sie tragen eine Last, die niemand allein tragen sollte. Die Sucht ist ein Dieb, und sie hat auch Sie bestohlen. Sie hat Ihnen den Schlaf, Ihr Vertrauen, Ihr Lachen und vielleicht sogar Ihren Glauben geraubt. Sie hat versucht, Sie davon zu überzeugen, dass Sie machtlos und verlassen sind. Aber hören Sie eines deutlich: Sie sind nicht machtlos und Sie sind nicht verlassen.

Es ist okay, zusammenzubrechen. Es ist okay, zu schreien, zu weinen und alles in Frage zu stellen. Aber glauben Sie nicht der Lüge, dass Sie keine Optionen mehr haben. Selbst hier, in den Trümmern, lebt die Hoffnung. Sie mag nicht schön aussehen, aber sie atmet. Es ist der Freund, der Ihnen schreibt, wenn Sie kurz davor sind aufzugeben. Es ist die Gemeinschaft, die Sie hält, selbst wenn Sie sich selbst nicht halten können. Es ist das Flüstern der Gnade, das Sie daran erinnert, dass dies nicht das Ende der Geschichte ist.

Und wisse: Gott fühlt sich mit deinem Leid. Im Lukasevangelium erzählt Jesus die Geschichte eines Vaters, der jeden Tag am Straßenrand stand und nach seinem verlorenen Sohn Ausschau hielt. Dieser Vater wusste, wie es ist, mit gebrochenem Herzen zu warten, den Schmerz der Abwesenheit zu spüren und ohne Garantien zu lieben. Gott ist dieser Vater. Gott weiß, was es heißt zu warten, zu hoffen, zu trauern und unerbittlich zu lieben. Wenn du dich unsichtbar und verlassen fühlst, denke daran: Der Gott, der am Straßenrand wartet, versteht deine Tränen und deine Sehnsucht. Gott ist deinem Schmerz nicht fern … Gott steht dir bei.

Du musst deinen geliebten Menschen nicht retten. Du kannst ihn nicht heilen, indem du ihn stärker liebst oder mehr opferst. Diese Last wird dich erdrücken. Was du tun kannst, ist, der Liebe, der Wahrheit und den Menschen treu zu bleiben, die dir die Hand halten, wenn du zu müde zum Stehen bist. Mach den nächsten kleinen Schritt: Ruf einen Freund an, geh zu einem Treffen, bete ein unausgesprochenes Gebet oder atme einfach durch. Du bist nicht allein und musst diesen Kampf nicht allein ausfechten.

Schlussvision
Eine Gemeinschaft, in der niemand allein ist

Stellen Sie sich eine Gemeinschaft vor, in der Gespräche über Sucht nicht nur geflüstert, sondern begrüßt werden. Wo Familienmitglieder weinen, schreien oder beichten können, ohne Angst vor Verurteilung zu haben. Wo der Süchtige nicht auf seine schlimmsten Entscheidungen reduziert wird und die Familie nicht mit der Schuld belegt wird. Wo die Menschen an einen Gott glauben, der größer ist als ihr Schmerz, der nicht beschämt, sondern heilt.

Das ist es, was wir gemeinsam aufbauen. Keine Perfektion. Keine Schnellschüsse. Sondern heilige, chaotische Räume, in denen die Liebe lauter spricht als die Scham und Zuhören die Last der Gnade trägt. Mit geliebten Menschen zu sprechen, die am Boden zerstört sind, ist keine Strategie, sondern ein Akt der Solidarität. Es bedeutet: "Selbst hier, in den Trümmern, werden wir Wege finden, vom Leben zu sprechen."

Aus diesem Grund kommen wir alle bei der FREE Recovery Community zusammen – Süchtige, ihre Angehörigen und spirituelle Flüchtlinge –, denn wir sitzen alle im selben Boot. Wir hören zu, wir weinen, wir feiern und wir erinnern uns gegenseitig an die Hoffnung. Unsere Mission ist es, das Schweigen der Sucht zu brechen und gleichzeitig Raum für Heilung, Genesung und spirituelle Verbindung zu schaffen. Diese Mission ist von großer Bedeutung in einer Welt, in der sich so viele Menschen allein fühlen und davon überzeugt sind, dass sie isoliert gegen ihre Dämonen kämpfen. Bei FREE erinnern wir uns gegenseitig daran, dass wir das nie alleine schaffen müssen. Wir können das Schweigen gemeinsam brechen, und wir beschämen niemanden. Diese Art von Gemeinschaft entsteht nicht einfach so, sie wird bewusst aufgebaut, Stein für Stein, Geschichte für Geschichte und Gnadenakt für Gnadenakt. Es ist die harte, heilige Arbeit, einen Ort zu schaffen, an dem niemand den Trümmern alleine gegenüberstehen muss.

Reflexionsfragen zu Kapitel 8

Wann haben Ihre aus Angst oder Wut gesprochenen Worte in einem schwierigen Gespräch unbeabsichtigten Schaden angerichtet? Wie könnten Sie dieses Gespräch heute anders angehen?

Welche Grenzen gegenüber einer Person, die Sie lieben, halten zu müssen, erscheint Ihnen zugleich notwendig und beängstigend?

Wie könnte der Wechsel von Schuldzuweisungen zu mitfühlendem Wahrheitssprechen Raum für Heilung in einer Ihrer Beziehungen schaffen?

Wer in Ihrer Community kann Ihnen nach einem schwierigen Gespräch Raum geben? Wie können Sie diese Personen einladen?

Kapitel 9
Die Sprache der Hoffnung ohne den Blödsinn

Meine Geschichte
Hoffnung in den Ruinen

Es war Montagmorgen, der 7. Januar 2013. Ich lag wieder bewusstlos auf der Couch. Mein Kopf pochte, mein Mund war trocken, und ich hörte meine Frau Tami, die sich oben für die Arbeit fertigmachte. Ich sprang vom Sofa auf und versuchte so zu tun, als hätte ich mein Leben im Griff, obwohl ich verkatert und am Ende war. Als ich zur Treppe ging, sah ich sie oben stehen. Sie stand regungslos da und hielt eine weitere leere Wodkaflasche in der Hand, die ich versteckt hatte. Ich hatte überall im Haus Flaschen versteckt und dachte, ich wäre clever.

Tamis Tränen strömten über ihr Gesicht, als sie mich ansah und sagte: "Ryan, was sollen wir tun?" Und aus irgendeinem Grund hörte ich sie genau in diesem Moment. Wirklich. Es war, als wäre das Spiel aus. Ich hörte das "Wir" in ihrer Frage und wusste, dass ich nicht allein war. Dieser Morgen war der Wendepunkt und der Anfang. Es war der Tag, an dem ich mich in ein 12-Schritte-Programm zur Genesung stürzte. Seitdem habe ich keinen Tropfen Alkohol mehr getrunken.

Tami und ich haben uns an diesem Tag nicht einfach, wie durch Zauberhand erholt. Wir blieben zusammen, aber es erforderte brutale Ehrlichkeit, Therapie, Tränen bis spät in die Nacht und viel Gnade.

Jeder von uns musste heilen, einzeln und Seite an Seite. Und heute haben wir eine Ehe und eine Familie, die zwar nicht perfekt, aber wunderschön und echt ist. Aus den Trümmern entstand Erlösung. Wir können diesen Weg der Genesung nun gemeinsam gehen, Schulter an Schulter mit anderen, die diesen Kampf verstehen. Das ist ein Wunder, das wir nie als selbstverständlich ansehen, und es ist der Beweis, dass selbst in den Ruinen Hoffnung aufkeimen kann.

Dieser Moment war weder glamourös noch filmreif. Es gab keinen perfekten musikalischen Höhepunkt, keine schnelle Lösung, keinen Blitz der Gewissheit. Es war roh. Es war hässlich. Und es war echt. Es ist der Beweis, dass Hoffnung nicht in glänzender Verpackung daherkommt. Manchmal kommt die Hoffnung in den Klamotten von gestern, nach Wodka riechend, und starrt dich von der Treppe mit Tränen in den Augen an.

Warum billige Positivität scheitert

Die Leute bieten gerne schnelle Lösungen an, weil sie das Chaos kontrollierbar erscheinen lassen. "Alles geschieht aus einem bestimmten Grund." "Gott gibt dir nicht mehr, als du bewältigen kannst." "Denk einfach positiv." Vielleicht haben Sie diese Sätze schon einmal gehört. Vielleicht haben Sie sie selbst gesagt. Aber seien wir ehrlich: Wenn Ihre Welt in Flammen steht, können diese Worte wehtun. Sie heilen nicht. Sie lehnen ab. Sie geben dem Leidenden das Gefühl, nicht gesehen zu werden.

Billige Positivität ist keine Hoffnung, sondern Verleugnung in einem hübschen Paket. Sie ist ein Weg, dem Schmerz aus dem Weg zu gehen. Und bei denen, die durch religiöse Plattitüden verletzt wurden, verpuffen diese Worte nicht nur, sie reißen Wunden neu auf. Besonders spirituelle Flüchtlinge hören diese Klischees und denken: "Deshalb bin ich gegangen." Sie brauchen Ehrlichkeit, keine Slogans. Sie brauchen jemanden, der bereit ist, mit ihnen in der Asche zu sitzen, und nicht jemanden, der versucht, die Asche unter den Teppich zu kehren.

Ich werde nie vergessen, wie ich in den ersten 30 Tagen meiner Abstinenz am Küchentisch meines Sponsors saß. Es war ein Donnerstagabend, und ich war zerbrechlich, wütend und wollte unbedingt glauben, dass ich noch eine Art spirituelle Glaubwürdigkeit besaß. Er sah mir direkt in die Augen und sagte: "Ryan, es ist vielleicht schwer für dich, aber du bist spirituell abgekoppelt." Die Worte trafen mich wie ein Schlag in die Magengrube. Ich hasste ihn dafür, dass er das sagte. Ich war Pastor, um Himmels willen. Ich hatte einen Abschluss in Bibelwissenschaften und einen Master of Divinity. Wenn ich spirituell abgekoppelt war, was hatte ich dann noch? In diesem Moment fühlte es sich nach nichts an, und doch war dieses "Nichts" genau der Punkt, an dem Gott begann, mich wieder aufzubauen. Manchmal sind die Worte, die sich wie ein Todesurteil anfühlen, in Wirklichkeit eine Einladung zu einem neuen Leben.

Hoffnung ohne den Blödsinn sieht dem Schmerz ins Gesicht und weigert sich, wegzuschauen. Sie beeilt sich nicht, etwas zu reparieren oder zu vertuschen. Sie sagt: "Das ist schrecklich, aber das ist nicht alles."

Ehrliche Hoffnung: Schmerz und Möglichkeit zusammenhalten

Ehrliche Hoffnung verleugnet die Realität nicht. Sie beschönigt weder einen Rückfall noch verharmlost sie gebrochenes Vertrauen. Sie tut nicht so, als wäre Ihr geliebter Mensch bis nächsten Dienstag wie durch Zauberhand geheilt. Ehrliche Hoffnung hält beide Wahrheiten in einem Spannungsverhältnis: Das Wrack ist real, ebenso wie die Möglichkeit der Erlösung.

Diese Art von Hoffnung ist unerschütterlich. Es ist die Art von Hoffnung, die sich immer wieder zeigt, selbst wenn sie Angst macht. Sie ist mutig, nicht glatt. Die Weisheit der Genesung spricht dafür: "Ein Tag nach dem anderen." "Fortschritt, nicht Perfektion." Diese Sätze sind keine billigen Slogans, sondern Schlachtrufe für Menschen, die sich ihren Weg zurück ins Leben erkämpfen. Sie erinnern uns daran, dass die Zukunft nicht auf einmal gelöst werden muss und Heilung möglich ist, auch wenn sie nicht schnell oder sauber erfolgt.

An alle, die sich durch falsche Versprechungen oder religiöse Manipulation die Finger verbrannt haben: Hoffnung gibt es nicht für diejenigen, die alles im Griff haben. Hoffnung gibt es für die Zweifler, die Erschöpften, die Wütenden, für diejenigen, die im Moment nicht einmal beten können. Hoffnung gibt es auch für Sie.

Kleine Wunder benennen

Große, dramatische Wendungen machen Schlagzeilen. Doch im wahren Leben vollziehen sich Genesung und Heilung oft in kleinen, fast unsichtbaren Momenten. Der unerwartete Rückruf. Der Tag, an dem Ihr geliebter Mensch Ehrlichkeit statt Verheimlichung vorzieht. Das erste echte Lachen seit Monaten. Das kleine Wunder, aufzuwachen und zu erkennen, dass Sie einen Tag lang den Schmerz nicht betäubt haben.

Kleine Wunder zu bemerken, bedeutet nicht, so zu tun, als wäre alles in Ordnung. Es geht darum, das Leben in den Rissen zu sehen. Wenn du diese Momente nennst, beginnst du, Resilienz aufzubauen. Du erinnerst dich daran, dass Verzweiflung nicht das letzte Wort hat.

Und das gilt nicht nur für Sie. Kleine Wunder laut auszusprechen ist ein Geschenk an die Gemeinschaft. Manchmal sieht die Person neben Ihnen selbst kein Licht, aber wenn Sie den Mund aufmachen und sagen: "Meine Tochter hat mir heute eine SMS geschickt, nur um zu sagen, dass es ihr gut geht" oder "Ich habe den Tag ohne einen Drink überstanden", halten Sie jemand anderem eine Laterne in der Dunkelheit hoch. Sie sagen: "Seht, es gibt Hoffnung, auch wenn sie klein ist."

, der zum ersten Mal seit Jahren zu spät, aber nüchtern zum Thanksgiving-Dinner kommt. Sie sind wie ein Sponsor, der in einer schlaflosen Nacht sein Telefon abnimmt. Sie sind wie ein Süchtiger, der einen Ausrutscher zugibt, anstatt ihn zu verbergen. Sie sind wie das erschöpft geflüsterte Gebet einer Mutter oder ein Vater, der sich diesmal entscheidet, nicht zu schreien, sondern zuzuhören. Sie sind ein Lächeln im Raum der

FREE Recovery Community, die Umarmung eines Fremden, die keine Gegenleistung verlangt, oder eine Grenze, die nach Jahren des Chaos endlich eingehalten wird.

Diese Momente sind heilig, nicht weil sie auffällig sind, sondern weil sie real sind. Sie sind der Beweis dafür, dass Gott an Orten wirkt, die wir oft übersehen. Sie machen uns Mut und erinnern uns daran, dass jeder Schritt nach vorne, egal wie klein, ein Beweis dafür ist, dass das Leben die Verzweiflung bekämpft.

Und hier ist der Punkt: Wir müssen aufhören, Gott nur in den großen, filmreifen Momenten zu suchen. Den Blitzen. Den gewaltigen Bekehrungen. Den perfekt abgeschlossenen Zeugnissen. Wenn wir darauf warten, verpassen wir, wo Gott bereits wirkt. Erinnern Sie sich an die Geschichte in 1. Könige 19, wo Elia auf dem Berg stand und zwischen bebenden Felsen, tosendem Wind, Erdbeben und Feuer auf Gott wartete, aber Gott war in all dem nicht zu sehen. Dann kam ein sanftes Flüstern, und dort war Gott. Manchmal übersehen wir es einfach. Gott ist in den ruhigen Gesprächen am Küchentisch. Gott ist in der Fahrt, die Sie einem Freund angeboten haben, als Sie keine Zeit hatten. Gott ist in dem müden, aber tapferen Lachen nach einem harten Tag. Das Gewöhnliche ist überhaupt nicht gewöhnlich. Es ist heiliger Boden. Genesung lehrt uns, dass das Heilige nicht immer laut ist. Manchmal ist es subtil und leicht zu übersehen, versteckt im alltäglichen Drang, da zu sein.

Warten Sie nicht länger auf das Feuerwerk. Achten Sie auf das Flackern. Achten Sie auf die kleinen, hartnäckigen Lebenszeichen um Sie herum. Dort ist Gott. Dort beginnt die Hoffnung wieder zu atmen.

Süchtigen und ihren Angehörigen Hoffnung vermitteln

Hoffnung ist kein Verkaufsgespräch. Sie bedeutet nicht, so zu tun, als wäre alles in Ordnung. Sie bedeutet, Worte zu sprechen, die wahr und lebensspendend zugleich sind. Wenn Sie Hoffnung aussprechen, versprechen Sie keine schnelle Lösung oder schmerzlose Genesung, sondern erinnern Sie jemanden daran, dass er nicht allein und nicht unrettbar ist.

Versuchen Sie es mit Wörtern wie:

"Ich glaube, dass Sie den heutigen Tag bewältigen können, auch wenn der morgige Tag unmöglich erscheint."

"Sie sind nicht unheilbar, egal wie die Trümmer aussehen."

"Das ist hart, und ich bin hier bei dir."

"Du bist mehr als das Schlimmste, was du getan hast."

An die Angehörigen eines Süchtigen: Auch sich selbst Hoffnung zuzusprechen, ist wichtig. Zu sagen: "Ich kann das nicht kontrollieren, aber ich kann mich entscheiden zu lieben, ohne es zuzulassen", ist ein Akt der Hoffnung. Zu sagen: "Ich bin wichtig, auch wenn ich mich unsichtbar fühle", ist ein Akt der Hoffnung. Ihre Stimme verdient es, gehört zu werden, sowohl von anderen als auch von Ihnen selbst.

Wenn Sie schon einmal von falschen Hoffnungen enttäuscht wurden, ist Ihr Misstrauen gegenüber der Hoffnung berechtigt. Vielleicht hat man Ihnen versprochen, dass es diesmal anders sein wird, dass der Rückfall der letzte ist, dass ein kurzes Gebet oder eine neue Reha alles wieder in Ordnung bringen wird. Vielleicht haben Sie sich selbst geflüstert: "Ich kann das nicht noch einmal", weil Ihnen der Preis der Hoffnung zu hoch erscheint. An den Süchtigen, der es satthat, alle zu enttäuschen, und an die Mutter, den Bruder, den Partner oder den Freund, der mit ansehen musste, wie Versprechen immer wieder zerplatzten: Es ist nicht dumm von Ihnen, sich zurückhaltend zu fühlen. Diese Zurückhaltung ist eine Narbe, und Narben verraten die Wahrheit darüber, wo Sie durchgemacht haben.

Aber echte Hoffnung ist anders. Echte Hoffnung leugnet nicht die Zerstörung und tut nicht so, als hätte es den Schmerz nie gegeben. Sie bietet keine Zauberformeln oder perfekte Garantien. Echte Hoffnung atmet in den dunklen Orten. Sie steht mitten im Chaos bei Ihnen und sagt: "Auch hier, auch jetzt ist die Geschichte noch nicht vorbei." Hoffnung ist düster und ungeschliffen. Sie entsteht durch stille Liebesbeweise: ein Sponsor, der mitten in der Nacht ans Telefon geht; ein Freund, der im Gerichtssaal neben Ihnen sitzt; eine kleine Gruppe von Menschen, die Woche für Woche bereit sind, ohne zu urteilen. Hoffnung lebt, nicht weil alles in Ordnung ist, sondern weil selbst in den Ruinen Verbundenheit stärker ist als Verzweiflung.

Die spirituelle Dimension der Hoffnung

Hoffnung ist zutiefst spirituell, aber nicht in der beschönigten, leistungsorientierten Art und Weise, die vielen von uns beigebracht wurde. Es geht nicht darum, so zu tun, als ob alles in Ordnung wäre oder vollkommenen Glauben zu haben. Es geht darum, den Mut zu haben zu glauben, dass selbst in der dunkelsten Nacht noch Licht möglich ist.

Die Heilige Schrift sagt uns immer wieder, dass Gott im Chaos erscheint: in Wüsten, in Gefängnissen, auf stürmischer See, an Gräbern. Jesus bot nicht aus sicherer Entfernung Hoffnung, sondern ging mitten ins Chaos, saß bei den Ausgestoßenen und weinte mit den Trauernden. Hoffnung bedeutet nicht, Gottes Aufmerksamkeit zu gewinnen, sondern zu erkennen, dass Gott die ganze Zeit mit uns im Chaos war.

Für spirituelle Flüchtlinge ist das wichtig. Ihnen wurde vielleicht gesagt, dass Zweifel Sie disqualifizieren oder dass Wut auf Gott Sie unwürdig macht. Aber Ihre Fragen, Ihre Wut, Ihre Erschöpfung sind keine Barrieren für Gottes Gegenwart. Sie sind genau die Orte, an denen Hoffnung durchbrechen kann. Gott fühlt sich durch Ihren Zorn, Ihre Zweifel oder Ihre schwierigen Fragen nicht bedroht. Gott kann damit umgehen. Die Religion mag durch Ihre Ehrlichkeit bedroht sein, Gott jedoch nicht.

Aufbau einer Kultur der Hoffnung

Hoffnung überlebt nicht allein. Sie braucht einen Ort zum Atmen, einen Ort, an dem sie laut ausgesprochen werden kann. In der FREE Recovery Community glauben wir an das Zusammenkommen, denn Isolation tötet die Hoffnung, doch Verbundenheit lässt sie wieder aufleben. Wir erinnern uns gegenseitig daran, wie wichtig es ist, einen weiteren Tag ohne Nüchternheit, eine weitere eingehaltene Grenze und einen weiteren Menschen zu feiern, der durch die Tür kommt.

Auch in Zeiten des Todes und der Dunkelheit kommen wir zusammen. Unsere Gemeinschaft kennt Tod in allen Formen: Überdosis, Alkoholismus, Aufgeben. Wir haben an Särgen und Krankenhausbetten gestanden und in Wohnzimmern gesessen, in denen die Luft voller Verzweiflung lag. Selbst in diesen Momenten, gerade in diesen Momenten, erinnern wir uns gegenseitig daran, dass wir alle gemeinsam durch die Krise gehen. Man ist nicht allein. Wir halten einander bei, wenn die Welt zu schwer zu ertragen ist, und irgendwie, in dieser gemeinsamen Trauer, erwacht die Hoffnung wieder zum Leben.

Wir erinnern uns gegenseitig daran, dass wir alle nur ein Haufen kleiner Wunder sind, die umherwandern, einander Hoffnung geben und der Verzweiflung nicht das letzte Wort überlassen. Wir glauben, dass Gott in all dieser chaotischen, unvollkommenen, aber wunderschönen Arbeit ist, genau hier unter uns, nicht weit entfernt und wartet darauf, dass wir es schaffen.

Wer Gemeinschaft, Hoffnung und Gottes Wirken skeptisch gegenübersteht, ist mit seinen Zweifeln nicht allein. Man muss nicht geschliffen oder selbstsicher auftreten. Wir bei FREE sind der Beweis, dass selbst Skeptiker von der Gnade überrascht werden können. Gott zeigt sich im gemeinsamen Lachen, im gemeinsamen Weinen und in den kleinen, heiligen Momenten, wenn jemand sagt: "Ich auch", und man erkennt, dass man nicht allein kämpft.

Schlussvision
Hoffnung als trotziger Akt

Hoffnung ist kein naiver Optimismus. Sie ist die Entscheidung, in den Trümmern zu stehen und zu sagen: "Das ist nicht das Ende." Sie bedeutet, sich zu weigern, die Geschichte von Scham bestimmen oder die Zukunft von Verzweiflung bestimmen zu lassen. Sie ist trotzig, mutig und hartnäckig.

Stellen Sie sich eine Welt vor, in der sich Süchtige, ihre Familien und spirituelle Flüchtlinge nicht länger aus Scham verstecken müssen. In der die Sprache der Hoffnung nicht beschönigt oder beschönigt, sondern ehrlich, unverfälscht und lebendig ist. In der Gemeinschaften Räume für Heilung und Verbundenheit schaffen, die sich niemand verdienen muss .

Hoffnung ist nicht den Starken oder Heiligen vorbehalten. Sie ist für die Zweifler, die Erschöpften und die Untröstlichen. Sie ist für dich. Sie ist für diejenigen, die glauben, nichts mehr zu haben. Auch hier, auch jetzt, atmet die Hoffnung noch. Du kannst sie aussprechen, du kannst sie teilen und du kannst sie aufbauen, Stein für Stein, Geschichte für Geschichte, bis die Verzweiflung keinen Ort mehr findet, an dem sie sich verstecken kann.

Reflexionsfragen zu Kapitel 9

Wann hat Ihnen jemand auf eine Art und Weise Hoffnung vermittelt, die unverfälscht und ehrlich wirkte, anstatt sie zu beschönigen? Welchen Eindruck hat das auf Sie gemacht?

Wo in Ihrem Leben oder Ihren Beziehungen könnten Sie anfangen, kleine Wunder als eine Möglichkeit zu benennen, Hoffnung zu nähren?

Wie können Sie sich selbst und dem Süchtigen oder geliebten Menschen, an dessen Seite Sie gehen, Hoffnung vermitteln?

Welchen Schritt können Sie unternehmen, um in Ihrer Familie, Ihren Freundschaften oder Ihrer Gemeinschaft eine Kultur der Hoffnung aufzubauen, in der Scham und Verzweiflung nicht das letzte Wort haben?

Kapitel 10
Raum für Heilung, Genesung und spirituelle Verbindung schaffen

Adams Geschichte
Zugehörigkeit, die Leben rettet

Adam ist nicht der Typ, mit dem die meisten Kirchen etwas anfangen können. Er ist seit acht Jahren clean und nüchtern, aber seine Vergangenheit steht ihm ins Gesicht geschrieben. Tattoos ziehen sich seinen Hals hinauf und quer durch sein Gesicht wie eine Überlebenskarte. Er saß im Gefängnis. Er fährt in einem nüchternen Motorradclub. Und er benutzt das F-Wort wie ein Komma. Wenn Sie auf gepflegte Kirchensprache aus sind, wird Adam Sie beleidigen, bevor er "Hallo" sagt.

Aber wenn Sie meine Frau Tami bitten, fünf Menschen in unserer KOSTENLOSEN Genesungs-Community zu nennen, denen sie am meisten vertraut, wird Adam jedes Mal einer von ihnen sein.

In der Woche, bevor Adam uns am Samstagabend als Gast-Erzähler seine Geschichte erzählte, saß er mir in meinem Büro gegenüber und war so nervös, wie es nur die wirklich Mutigen sind. Er hatte Traumata und Missbrauch überlebt, Jahre der Selbstzerstörung durch Drogen und Alkohol und Gefängnismauern, die ihn zu brechen versuchten. Er hatte sich zurück in die Nüchternheit gekämpft und gelernt, wie langsam und mühsam es ist, ein neues Leben aufzubauen. Er hatte keine Angst vor Menschenmengen. Aber er hatte Angst davor, verletzlich zu sein.

Ich fragte ihn: "Warum sind Sie hier bei FREE? Warum kommen Sie immer wieder zurück?"

Adam blickte einen Moment lang nach unten, dann wieder nach oben. Seine Stimme war leise, aber fest. "Ryan … ich habe schreckliche Dinge getan. Ich verstehe die Bibel nicht. Aber vom ersten Tag an wurde mir gesagt, dass ich hier hingehöre. Mir wurde gesagt, dass dies mein Zuhause ist. Mir wurde gesagt, dass Gott mich liebt. Und ich fange tatsächlich an, es zu glauben."

Das ist Zugehörigkeit. Es ist kein Slogan. Es ist keine clevere Strategie für das Kirchenwachstum. Es ist ein Rettungsanker.

An dem Abend, als Adam seine Geschichte erzählte, stand er mit zitternder Stimme auf unserer kleinen Bühne, als er uns durch seine Vergangenheit führte: das Trauma, den Missbrauch, die Drogen, die Zellen. Und dann das Wunder der Freiheit. Als er fertig war, erhob sich der Saal zu stehenden Ovationen. Es ging nicht um Perfektion. Es ging nicht einmal ums Überleben. Es ging um den Mut, inmitten der Trümmer zu stehen und vom Leben zu sprechen.

Adam ist heute oft der Erste, der durch die Tür kommt und fragt, wie er helfen kann. Und ich habe Folgendes gelernt, indem ich ihn beobachtet habe: Wenn Menschen endlich verstehen, wer sie sind, dass sie geliebt, gesehen und angenommen werden, folgt ihr Handeln. Zugehörigkeit verändert alles.

Das ist der Herzschlag der FREE Recovery Community: Räume zu schaffen, in denen Menschen, die ausgestoßen wurden, von der Religion ausgebrannt sind oder von der Sucht belastet sind, entdecken, dass sie nicht allein sind und dass die Gnade auch für sie Platz hat.

Warum der Weltraum wichtiger ist als Programme

Programme können hilfreich sein. Kurse, Lehrpläne, Schritte und Strategien können alle eine Rolle spielen. Aber ein Ort, ein heiliger Ort, in den jemand wie Adam eintreten und wieder durchatmen kann, verändert Leben. Die Leute kommen nicht zu FREE, weil wir das raffinierteste Programm oder den besten Kaffee haben (obwohl, seien wir ehrlich, wir haben den besten Kaffee). Sie kommen, weil sie etwas Echtes spüren: einen Ort, an dem sie erschüttert, verwirrt, wütend oder skeptisch auftauchen können und nicht abgewiesen werden.

Süchtigen, ihren Angehörigen und spirituellen Flüchtlingen wurden zu viele schnelle Lösungen verkauft. Man gab ihnen einfache Slogans wie "Bete einfach mehr", "Denke positiv", "Alles geschieht aus einem bestimmten Grund" oder "Ein Wochenend-Retreat wird alles lösen". Man versprach ihnen, ein einziges Buch, ein einziger Gottesdienst oder eine einzige Motivationsrede könnten jahrelangen Schmerz und Trauma auslöschen. Manchen wurde gesagt, wenn ihr Glaube stark genug sei, würde ihr Familienmitglied nicht rückfällig werden, oder dass ihre eigenen Zweifel sie zum Problem machten. Und wenn diese Versprechen nicht eingelöst wurden, schnitt die Scham noch tiefer. Diese Abkürzungen heilen nicht nur nicht; sie hinterlassen Narben.

Für die Mutter, die Nacht für Nacht wach saß und darauf wartete, dass die Tür quietschend aufging, für den Bruder, der mit ansehen musste, wie sich ein Geschwister selbst zerstörte, für den spirituellen Flüchtling, der die Kirche verließ, weil man ihm die Schuld für seinen eigenen Schmerz gab: Sie sind nicht unsichtbar. Sie sind nicht dumm, wenn Sie sich zurückhaltend oder erschöpft fühlen. Sie werden gesehen. Sie werden gehört. Sie werden geschätzt.

Was heilt, ist Präsenz, nicht Politur. Es ist der freie Stuhl, das offene Ohr, die Umarmung, die keine Gegenleistung verlangt. Raum sagt den Menschen: Du bist wichtig, bevor du dich selbst verbesserst. Du gehörst dazu, bevor du alles glaubst.

Bei FREE haben wir immer wieder erlebt, dass sich die Herzen öffnen, wenn der Raum sicher ist. Der Süchtige wagt es, die Wahrheit zu flüstern. Der geliebte Mensch wagt es zu weinen. Der spirituelle Flüchtling wagt es, eine Frage zu stellen. Im Raum kann Gott tun, was Programme allein niemals können.

Radikale Gastfreundschaft und Willkommen

Radikale Gastfreundschaft sieht nicht nach polierter Perfektion oder höflichem Smalltalk aus. Es geht nicht um vorgefertigte Begrüßungen oder oberflächliche Höflichkeiten. Es ist eine raue, unbequeme Art der Begrüßung, die das Risiko birgt, dem Schmerz eines anderen nahe zu kommen. Es bedeutet, sich neben die Person zu setzen, die sich unsichtbar fühlt. Es bedeutet, präsent zu bleiben, wenn ihre Geschichte Sie unbehaglich macht oder Ihre Annahmen in Frage stellt.

Für Süchtige und ihre Angehörigen, für diejenigen, die aus Scham oder aus Verletzung die Kirche verlassen haben, ist Gastfreundschaft keine Option, sie ist Sauerstoff. Ein aufrichtiges Willkommen kann jahrelanges Misstrauen zerstreuen. Es kann ein Herz öffnen, das vor langer Zeit verschlossen war.

Aber die Wahrheit ist: Radikale Gastfreundschaft ist ohne Authentizität nicht möglich. Menschen, die eine Sucht überlebt haben oder von Religion enttäuscht wurden, wittern falsche Freundlichkeit in Sekundenschnelle. Ihnen wurden schon Masken und Performance verkauft. Sie brauchen nicht noch mehr davon, sie brauchen Authentizität. Wenn man einen Raum betritt und Menschen sieht, die ganz sie selbst sind, chaotisch, unvollkommen, ungeschliffen, gibt einem das die Erlaubnis zu atmen. Authentizität sagt: "Du musst dich nicht selbst korrigieren, um hierher zu gehören."

Bei FREE entsteht radikale Gastfreundschaft, weil die Menschen sich nicht verstellen müssen. Führungskräfte geben ihre eigenen Narben zu. Freiwillige lachen laut, weinen offen und lassen ihre Masken an der Tür fallen. Wir haben gelernt, dass es bei Gastfreundschaft nicht darum geht, eine makellose Umgebung zu schaffen, sondern eine authentische. Wenn wir uns so zeigen, wie wir sind, signalisieren wir allen anderen, dass sie das auch können.

Diese Art der Gastfreundschaft kann unangenehm sein. Man muss bereit sein, Geschichten zu hören, die die eigenen Annahmen erschüttern, neben jemandem zu sitzen, der anders aussieht oder spricht als man selbst, das Risiko einzugehen, dass der eigene Glaube auf die Probe gestellt oder neu geformt wird. Doch dieses Unbehagen ist heilig, denn es ist der Ort, an dem Verbindung entsteht. Radikale Gastfreundschaft sagt: "Ich werde nicht von dir verlangen, jemand anderes zu werden, bevor du dazugehören kannst."

Authentizität verwandelt Gastfreundschaft vom Händedruck in einem Rettungsanker. Sie macht einen Raum zu einem Zufluchtsort. Und sie erinnert jeden, der durch die Tür kommt: Sie sind nicht hier, um zu beeindrucken, sondern um gesehen zu werden.

Vertrauensbildung durch Beständigkeit und Verletzlichkeit

Vertrauen entsteht nicht durch einen herzlichen Händedruck oder eine bewegende Predigt. Es entsteht in hundert kleinen Momenten: Erscheinen, Wort halten, eigene Fehler eingestehen. In Gemeinschaften wie FREE kommen viele Menschen mit Narben aus Kirchen oder Beziehungen an, in denen das Vertrauen missbraucht wurde. Sie beobachten, ob Ihr Willkommen über das erste "Hallo" hinaus anhält.

Beständigkeit sagt: "Ich bin noch da, wenn die Aufregung nachlässt." Verletzlichkeit sagt: "Du musst nichts vortäuschen, denn ich tue auch nichts vor." Wenn Führungskräfte es wagen, ehrlich über ihre eigenen

Wunden zu sein, gibt das anderen die Erlaubnis, mit der Leistung aufzuhören und mit der Heilung zu beginnen.

Dies ist eine langwierige, manchmal frustrierende Arbeit. Doch wenn das Vertrauen wächst, fallen die Mauern. Der Süchtige beginnt zu glauben, dass die Genesung von Dauer sein könnte. Der spirituelle Flüchtling beginnt zu ahnen, dass Gott ihn doch nicht verlassen hat. Und der geliebte Mensch eines Süchtigen wagt es wieder zu hoffen.

Vertrauen wieder aufzubauen ist schwer, aber Genesung zeigt uns, dass es möglich ist. Genesung selbst ist der Beweis, dass Zerbrochenes wieder ganz werden kann. Wenn man durch seine eigene Dunkelheit gegangen ist und trotzdem Gnade erfahren hat, beginnt man zu glauben, dass Vertrauen zurückgewonnen werden kann – nicht über Nacht, nicht perfekt, sondern Stück für Stück. Der Prozess ist chaotisch, aber jeder kleine Akt der Integrität, jedes ehrliche Wort, jedes Mal, wenn man zu dem kommt, was man versprochen hat, legt einen weiteren Baustein. Genesung lehrt uns, dass Vertrauen nicht auf Perfektion, sondern auf Beharrlichkeit beruht.

Spirituelle Verbindung ohne religiösen Ballast integrieren

Heilende Spiritualität tyrannisiert und manipuliert nicht. Sie lädt ein. Sie schafft Raum für Stille, Fragen und Zweifel. Sie sagt: "Komm, wie du bist, auch wenn du wütend bist, auch wenn du unsicher bist." Sie verlangt nicht, dass du die richtigen Verse auswendig lernst, dich reinigst oder deinen Wert unter Beweis stellst, bevor du dich dem Heiligen nähern kannst. Sie versteht, dass manche Menschen schon bei den Worten "Kirche" oder "Gott" zurückschrecken, weil diese Worte als Waffe gegen sie eingesetzt werden.

Diese Art von Spiritualität versteckt sich nicht hinter glanzvollen Auftritten oder religiösem Fachjargon. Sie begegnet Menschen in Küchen, auf Veranden, in Cafés oder in stillen Sitzkreisen, wo niemand sich verstellen muss. Sie weiß, dass ein geflüstertes "Hilfe" genauso kraftvoll ist wie ein lautes Gebet. Sie erkennt, dass eine geteilte Träne ebenso viel heiliges Gewicht haben kann wie jede Predigt. Und sie feiert, dass die Entdeckung des Heiligen oft in kleinen, alltäglichen Momenten geschieht: in einem Gespräch, das tiefer geht als erwartet, in einem Liedtext, der ein verhärtetes Herz aufbricht, in einem ruhigen Sonnenaufgang nach einer schlaflosen Nacht.

Wenn wir den Ballast ablegen, geht es bei Spiritualität weniger um die Verteidigung von Lehren als vielmehr um die Verbindung von Herzen. Sie erinnert uns daran, dass Gott sich nicht durch unsere Zweifel oder unseren Zorn bedroht fühlt und dass die Gnade groß genug ist, um jeden Teil von uns zu umfassen. Sie lässt Menschen, die von der Religion enttäuscht wurden, wieder aufatmen und anfangen zu glauben, dass das Heilige sie nicht verlassen hat.

Gott begegnet Menschen seit Anbeginn anrauen, authentischen Orten. Im Buch Exodus begegnet Gott Moses nicht in einem Thronsaal, sondern in einem brennenden Busch an einem einsamen Berghang. In den Evangelien begegnet Jesus Menschen auf staubigen

Straßen, an Esstischen mit Steuereintreibern, an Brunnen mit Ausgestoßenen und auf stürmischer See mit verängstigten Freunden. Der auferstandene Christus begegnet seinen Anhängern an einem gewöhnlichen Strand, wo er das Frühstück über dem Feuer kocht. Die Heilige Schrift sagt uns immer wieder: Gott erscheint an den Orten, an denen wir es am wenigsten erwarten, wo wir endlich unsere Last ablegen und ehrlich zu unseren Wunden sein können. Die Last, die wir mit uns herumtragen, die Scham, die starren Regeln, die Angst, nicht genug zu sein, halten uns davon ab, diese heiligen Orte zu betreten. Loszulassen bedeutet nicht, den Glauben abzulehnen; es bedeutet, eine tiefere, wahrhaftigere Verbindung zu Gott einzugehen, der bereits da ist und im Chaos und im Alltäglichen wartet.

Die Kraft gemeinsamer Geschichten und gemeinschaftlicher Heilung

Geschichten heilen, wo Vorträge versagen. Sie durchbrechen Scham, bauen Stereotypen ab und erinnern uns daran, dass wir nicht allein sind. Wenn jemand aufsteht und sagt: "Das ist mein Wrack, und ich bin immer noch hier", schafft das eine heilige Art von Trotz gegen die Verzweiflung. Gemeinsame Geschichten zeigen dem Süchtigen, dem geliebten Menschen und dem Skeptiker, dass der schlimmste Tag nicht das letzte Wort hat.

Gemeinsame Heilung geschieht, wenn diese Geschichten durch den Raum hallen und sich in unseren Knochen festsetzen. Das passiert, wenn der Vater, der einst schwor, niemals zu vergeben, lernt, seine Fäuste zu öffnen, nachdem er einen anderen Vater über Vergebung sprechen hörte. Das passiert, wenn die Frau, die dachte, sie sei zu weit gegangen, sich in einer Geschichte wiedererkennt und erkennt, dass das nicht stimmt. Geschichten machen nicht alles wieder gut. Aber sie öffnen Türen. Sie schaffen Möglichkeiten, wo vorher nur Resignation war.

Rhythmen schaffen, die Hoffnung aufrechterhalten

Hoffnung lebt nicht allein von Inspiration, sie braucht Rhythmen, die sie durch den Alltag tragen. Heilungsgemeinschaften schaffen Gewohnheiten, die die Verbindung stärken: gemeinsame Mahlzeiten, kleine Hilfsbereitschaft, das Gedenken an die Verstorbenen, das Feiern von Meilensteinen, die anderen vielleicht klein erscheinen, hier aber monumental sind, 30 Tage Nüchternheit, eine eingehaltene Grenze, ein versöhnliches Telefonat.

Diese Rhythmen erinnern uns daran, dass Fortschritt selten im Vorbeigehen geschieht. Er ist oft ein langsamer, stetiger Herzschlag im Hintergrund unseres Lebens. Einfache Handlungen, wie das Anzünden einer Kerze für jemanden, der Probleme hat, eine stille Pause vor dem Essen oder eine SMS mit dem Text "Du bist nicht allein", werden mit der Zeit heilig. Sie verankern die Hoffnung, auch wenn die Wellen immer wieder auf uns zukommen.

Diese Anker sind in stürmischen Zeiten am wichtigsten. Wenn wir einen Rückfall erleiden, Beerdigungen zu früh kommen, alte Wunden aufbrechen und sich alles zerbrechlich anfühlt, geben uns diese kleinen, beständigen Übungen Halt. Sie erinnern uns daran, dass Hoffnung nicht von ruhiger See oder perfekten Ergebnissen abhängt. Hoffnung bleibt bestehen, weil wir uns immer wieder dafür entscheiden, füreinander da zu sein, die kleinen Wunder zu würdigen und daran zu glauben, dass selbst im Chaos Licht durchbricht.

Schlussvision
Ein Tisch, der groß genug für uns alle ist

Stellen Sie sich einen Tisch vor, an dem niemand ein Lächeln aufsetzen muss, um sich seinen Platz zu verdienen. Stellen Sie sich einen Raum vor, in dem Süchtige, Angehörige und spirituelle Flüchtlinge Seite an Seite sitzen, wo Narben, Zweifel, Fragen und das Chaos keine Belastungen, sondern Zeichen des Überlebens sind. Stellen Sie sich einen Raum vor, in dem sich niemand fragen muss, ob er dazugehört, denn Zugehörigkeit ist der Ausgangspunkt, nicht die Belohnung.

Die Welt lechzt nach einem solchen Tisch. Zu viele stehen draußen, an Fenster gedrängt, überzeugt davon, dass die Gnade eine exklusive Gästeliste hat. Zu viele wurden von Kirchen abgewiesen, die Regeln höher schätzten als Menschen. Zu vielen wurde gesagt, sie müssten sich erst selbst in Ordnung bringen, bevor sie nach Hause kommen könnten.

Und genau dieses Bild zeichnet Jesus in Lukas 15 mit der Geschichte vom verlorenen Sohn. Der jüngere Sohn nimmt sein Erbe, verprasst alles für ein skandalöses Leben und verbrennt zu viele Brücken. Er ist am Boden zerstört. Er ist pleite, hungrig und allein. Angst hält ihn davon ab, nach Hause zu gehen. Er ist sich sicher, dass Scham und Verdammnis auf ihn zukommen, aber er weiß nicht, wohin er sich wenden soll. Also macht er sich auf den langen Rückweg. Und obwohl er noch weit weg ist, sieht ihn der Vater, der in der Geschichte Gott repräsentiert, voller Mitgefühl und rennt zu ihm. Er hält ihm keine Vorträge und bestraft ihn nicht. Er gibt ein Fest. Er ruft die ganze Gemeinde zum Feiern zusammen, denn, wie er sagt: "Dieser Sohn von mir war verloren, aber jetzt ist er zu Hause." Der Sohn musste es sich nicht verdienen. Er war einfach da. Diese Art von Liebe wird immer die Barrieren der Scham durchbrechen.

Und hier ist die Wahrheit: Gnade ist nicht knapp und der Tisch nicht klein. Die Einladung ist weit offen. Und es liegt an uns, sie zu gestalten, nicht an irgendeiner fernen Institution, nicht an jemand anderem. Es geschieht nicht zufällig. Es erfordert Mut, Liebe zu wagen, Scham abzubauen und Verbundenheit, statt Bequemlichkeit zu wählen. Es erfordert Arbeit, einer leidenden Welt in die Augen zu sehen und zu sagen: "Du gehörst hierher, so wie du bist."

Dies ist die dringende, heilige Aufgabe, die vor uns liegt: Gemeinschaften zu schaffen, in denen niemand im Regen steht. Tische zu decken, die groß genug sind für die Zweifler, die Wütenden, die Gebrochenen und die Mutigen. So zu leben, als ob wir wirklich glauben würden, dass Liebe stärker ist als Angst und dass es noch Hoffnung gibt, auch hier, auch jetzt.

Reflexionsfragen zu Kapitel 10

Zugehörigkeit und Barrieren: Wenn Sie an die Geschichte von Adam und dem verlorenen Sohn denken, welche Barrieren haben Sie oder einen geliebten Menschen davon abgehalten, sich zugehörig zu fühlen? Wie könnte eine Gemeinschaft radikaler Willkommenskultur diese Barrieren abbauen?

Programme vs. Präsenz: Denken Sie an eine Zeit zurück, in der Präsenz in Ihrem Leben wichtiger war als ausgefeilte Programme. Wie können Sie persönlich dazu beitragen, heilige Räume zu schaffen, in denen Menschen sich so zeigen können, wie sie sind, ohne sich verstellen zu müssen?

Authentizität und Vertrauen: Warum sind Authentizität und Verletzlichkeit Ihrer Meinung nach für das Wachstum von Vertrauen unerlässlich? Welche kleinen, praktischen Schritte könnten Sie unternehmen, um Vertrauen zu jemandem aufzubauen, der durch Religion oder Beziehungen enttäuscht wurde?

Einen größeren Tisch schaffen: Stellen Sie sich Ihren eigenen "größeren Tisch" vor. Wen würden Sie einladen, sich neben Sie zu setzen, auch wenn es sich unangenehm anfühlt? Welche Risiken sind Sie bereit einzugehen, um eine Gemeinschaft aufzubauen oder daran teilzunehmen, in der niemand draußen in der Kälte stehen muss?

Kapitel 11
Räume radikaler Begrüßung

Wenn die Tür ganz neu ist
Das Unbekannte willkommen heißen

Vor einigen Jahren stand ich vor einem überfüllten Raum und leitete die Beerdigung eines jungen Mannes, der an einer Überdosis Drogen gestorben war. Die Luft war schwer, so schwer, wie man es in der Brust spüren kann. Seine Eltern waren am Boden zerstört. Auf einem Tisch im hinteren Teil des Raumes standen seine Kindheitsfotos – Schnappschüsse von Baseballuniformen, albernen Grinsen und Familiencampingausflügen, die sich jetzt wie ein anderes Leben anfühlten.

Draußen auf dem Bürgersteig stand eine Gruppe seiner Freunde zusammen und rauchte Zigaretten wie Rettungsringe. Es waren keine eingefleischten Kirchenkritiker oder wütende Ex-Christen. Die meisten von ihnen waren noch nie in ihrem Leben in einer Kirche gewesen. Sie trugen keine Geschichten davon mit sich, von der Kanzel herabgewürdigt oder von der Gemeinde ausgeschlossen worden zu sein. Sie trugen etwas Stilleres in sich: Unsicherheit. Sie wussten nicht, was sie tun sollten, wie sie sich verhalten sollten oder ob sie dazugehörten.

Ich beobachtete, wie sie an der Tür zögerten. Einer fragte flüsternd: "Dürfen wir überhaupt rein?" Ein anderer spielte mit seinem Feuerzeug und blickte auf die Buntglasfenster, als wären sie Alarmanlagen. Es war nicht Auflehnung, die sie zurückhielt; es war Angst – Angst davor, verurteilt zu werden, Angst davor, aufzufallen, Angst davor, die unausgesprochenen Regeln nicht zu kennen. Sie waren sich nicht sicher, ob sie richtig angezogen waren, ob sie im falschen Moment aufstanden oder ob jemand sie wegen des Rauchgeruchs an ihren Jacken böse anstarren könnte.

Als sie endlich eintraten, huschten ihre Blicke durch den Raum, auf der Suche nach Hinweisen, wie sie sich verhalten sollten. Manche blieben mit hochgezogenen Schultern im Hintergrund, als wollten sie sich für ihre Anwesenheit entschuldigen. In diesem Moment wurde mir eine bittere Wahrheit bewusst: Viele geistliche Flüchtlinge sind nicht wütend auf die Kirche, sie kennen sie einfach nicht. Sie kommen nicht mit Gepäck, das sie auspacken müssen; sie kommen mit Fragen, Zweifeln und dem sehnlichen Wunsch, um ihren Freund zu trauern, ohne sich fehl am Platz zu fühlen.

Dieser Tag erinnerte mich daran, dass radikale Willkommenskultur nicht nur für Menschen gilt, die von ihrer Religion enttäuscht sind. Sie gilt auch für diejenigen, die noch nie zuvor die Schwelle einer Kirche überschritten haben. Wenn der Leib Christi oder eine Gemeinschaft der Heilung keinen Platz für Menschen wie sie schaffen kann, für Menschen, die auf dem Bürgersteig stehen und vor Unsicherheit zittern, dann versagen wir genau bei der Mission, die wir angeblich erfüllen.

Mehr als zwei Stunden am Sonntag
Raum, der die ganze Woche heilt

Radikale Begrüßung beginnt und endet nicht zwischen dem Eröffnungslied und dem Schlusssegen. Ein Raum der Heilung wird nicht durch ein zweistündiges Zeitfenster an einem Sonntagmorgen definiert, sondern entsteht in den normalen Stunden der Woche. Heilung geschieht in den ruhigen Telefonaten um Mitternacht, der SMS mit der Nachricht "Ich denke an dich" und den Momenten des Lachens, die an einem Mittwochnachmittag die Tränen durchbrechen.

Wenn die Türen geschlossen sind, buchstäblich oder im übertragenen Sinne, lernen die Menschen in diesen Momenten, dass die Kirche nicht der Ort ist, an dem man sein wahres Leben verbringt. (Und um ehrlich zu sein: FREE trifft sich samstagabends, nicht sonntags. Wir scherzen gerne, dass Gott sich samstags genauso kraftvoll zeigt und dass der Kaffee ohne Wecker am Sonntagmorgen besser schmeckt.)

FREE hat die ganze Woche geöffnet. Unser Café ist öffentlich zugänglich und oft das erste Gesicht unserer Gemeinschaft, dem die Menschen begegnen. Manchmal ist der Raum, den wir schaffen, ganz wörtlich zu nehmen: ein warmer, einladender Raum, in dem ihnen der Duft von frischem Kaffee entgegenschlägt, bevor ihre Scham sie überkommt. Und wenn sie durch die Tür kommen, ist es ein Gleichgesinnter, kein Vorgesetzter, der sie begrüßt, sich ihre Geschichte anhört und sie daran erinnert, dass sie dazugehören. Dieser kleine, greifbare Raum ist direkt mit unserer Mission verbunden: das Schweigen der Sucht zu brechen und gleichzeitig Raum für Heilung, Genesung und spirituelle Verbindung zu schaffen.

Diese Mission ist unser Anker und unser Filter. Sie sagt uns, wozu wir Ja und wozu wir Nein sagen sollen. Ohne sie laufen wir Gefahr, unseren Kalender mit Aktivitäten zu füllen, die zwar anstrengend wirken, aber nicht heilen. Klarheit über die Mission beugt Burnout vor und schafft Vertrauen. Sie gibt Ihnen Halt, wenn Gelegenheiten oder Herausforderungen Sie dazu verleiten, Ihre Energie zu zerstreuen. Wenn jede Versammlung, jede Veranstaltung und jedes Gespräch aus der Mission hervorgehen, spürt die Gemeinschaft Beständigkeit und Hoffnung beginnt Wurzeln zu schlagen.

Für religiöse Führer geht es nicht nur darum, mehr Veranstaltungen zu planen. Es geht darum, jede Anstrengung – sei es eine Selbsthilfegruppe, ein geselliges Beisammensein oder ein ehrliches Gespräch – auf den tieferen Sinn auszurichten: ein Ort zu sein, an dem Verletzte Heilung und Verbundenheit finden. Wenn die Mission den Ort prägt, ist er nicht nur ein Ereignis im Kalender, sondern ein lebendiger Zufluchtsort, der sagt: Du bist nicht allein.

Vereint durch die Mission, nicht durch Uniformität

Radikale Willkommenskultur erfordert nicht, dass alle in allen religiösen, politischen oder philosophischen Fragen übereinstimmen. Sie erfordert nicht, dass alle die Welt auf die gleiche Weise sehen oder die gleichen Glaubensbekenntnisse rezitieren. Was eine wahre Gemeinschaft zusammenhält, ist nicht Gleichheit, sondern die Mission.

In Räumen der Heilung trifft man auf Menschen, die anders wählen, anders glauben und anders denken. Doch wenn sie die gemeinsame Mission verbindet, das Schweigen der Sucht zu brechen, Räume für Genesung und spirituelle Verbundenheit zu schaffen und Menschen dort zu lieben, wo sie sind, dann werden diese Unterschiede zu Stärken statt zu Bedrohungen.

Das heißt nicht, dass Gespräche immer angenehm sein werden. Meinungsverschiedenheiten werden vorkommen. Fragen werden auftauchen. Manchmal werden sie stechen. Manchmal werden sie einen fragen lassen, ob man überhaupt in denselben Raum gehört. Aber das ist die harte, heilige Arbeit der Gemeinschaft: am Tisch zu bleiben, wenn es einfacher wäre, wegzugehen. Sich weigern, durch Meinungsverschiedenheiten die Mission zu gefährden. Sich entscheiden, auch in unangenehmen Situationen, einander zuzuwenden, anstatt sich abzuwenden.

Für Süchtige, ihre Angehörigen und spirituelle Flüchtlinge ist dies von großer Bedeutung. Sie wissen bereits, wie es sich anfühlt, ausgeschlossen zu sein, zu hören, dass man nicht dazugehört, wie ein Problem behandelt zu werden, das gelöst werden muss, oder wie eine Last, die es zu bewältigen gilt. Die Welt hat genug ausgegrenzt. Der einzige Weg nach vorn besteht darin, Hand in Hand auf ein gemeinsames Ziel hinzuarbeiten, auch wenn es schwierig ist. Das macht Hoffnung glaubwürdig; sie ist weder schlicht noch schmerzlos. Es ist eine mutige, trotzige Liebe, die sagt: "Wir lassen nicht zu, dass Unterschiede uns davon abhalten, gemeinsam zu heilen."

Wenn ein genesender Süchtiger und ein spiritueller Flüchtling neben einem langjährigen Kirchgänger sitzen und alle drei am selben Tisch Hoffnung finden, dann bricht das Reich Gottes durch. Einheit, die auf Mission gründet, löscht weder Identität noch Überzeugung aus, sondern verbindet sie zu etwas Schönem. Es ist eine stille, aber kraftvolle Rebellion gegen eine Welt, die immer wieder Grenzen zieht und Seiten fordert. Sie sagt der Welt: Du kannst hierhergehören, auch bevor du glaubst, und selbst wenn du nie genau so glaubst wie wir.

Reflexionsfragen zu Kapitel 11

Das Unbekannte willkommen heißen: Waren Sie schon einmal an einem Ort, an dem Sie sich nicht sicher waren, wie Sie sich verhalten sollten oder ob Sie dazugehörten? Was haben Sie in diesem Moment gefühlt und was hätte Ihnen vielleicht geholfen, früher durch die Tür zu gehen?

Mission als Filter: Inwiefern kann die Mission Ihrer Gemeinschaft als Leitfaden dafür dienen, wozu Sie Ja oder Nein sagen sollten? Wie könnte diese Klarheit gezieltere Heilungsräume schaffen?

Vielfalt und Mission: Wie haben Sie erlebt, dass die Einheit in einer gemeinsamen Mission Unterschiede in Weltanschauung und Glauben überwindet? Welche Herausforderungen und Chancen können sich aus dieser Vielfalt ergeben?

Ihre Rolle bei der radikalen Begrüßung: Welchen konkreten Schritt können Sie diese Woche unternehmen, um jemandem, der mit spirituellen oder Genesungsräumen nicht vertraut ist, eine radikale Begrüßung zu bieten?

Kapitel 12
Praktiken, die bleiben

Ethans Geschichte: Kleine Schritte retten Leben

Ethan saß auf der Kante seiner Matratze, die schon zu viele Nächte auf zu vielen Etagen erlebt hatte. Die Uhr auf seinem Handy zeigte 5:14 Uhr. Er hatte nicht viel geschlafen, aber das war anders als die Nächte, in denen Wodka ihn wachhielt. Diesmal war es die Last der Nüchternheit. Tag drei. Sein Kopf pochte. Seine Hände zitterten. Und der Gedanke an den ganzen Tag, der vor ihm lag, fühlte sich an, als stünde er am Fuße eines Berges ohne Ausrüstung, ohne Karte und ohne Chance.

Die Stimmen in seinem Kopf waren gnadenlos. Du wirst es nie schaffen. Du hast es schon zu oft vermasselt. Warum sich die Mühe machen? Er hätte beinahe nach der Flasche gegriffen, die er unter der Spüle versteckt hatte, doch dann fiel ihm ein, dass sie nicht mehr da war. Er hatte sie letzte Nacht wütend und verzweifelt weggeworfen und dann geweint, als ihm klar wurde, wie viel von ihm selbst in dieser leeren Flasche steckte.

Dann, durch den Nebel der Panik, erinnerte er sich an den Mann bei dem Treffen: "Fang einfach klein an. Mach dein Bett. Trink etwas Wasser. Ruf jemanden an." Es klang lächerlich. Aber er hatte nichts anderes übrig. Also zog er die Decke über die Matratze, krumm und klumpig, aber fertig. Er trank ein Glas Wasser. Dann nahm er den Hörer ab und wählte die Nummer, die auf der Rückseite eines Lebensmittelbelegs stand.

Der Mann am anderen Ende antwortete benommen, doch seine Stimme wurde sanfter, als er Ethans Zittern hörte. "Du hast richtig angerufen", sagte er. "So fängt es an." Ethan hatte nicht das Gefühl, dass etwas anfing. Er fühlte sich gebrochen, beschämt und erschöpft. Doch ein winziger, fast unsichtbarer Hoffnungsschimmer schlängelte sich durch die Verzweiflung. Er musste heute nicht den ganzen Berg bezwingen. Er musste nur den nächsten kleinen Schritt tun.

Dieser Morgen sah nicht nach einem Triumph aus. Es gab kein Feuerwerk, keine sofortige Verwandlung. Aber es war ein Anfang, und Anfänge, egal wie klein, können Leben retten.

Gesunde Gewohnheiten entwickeln, die für Sie funktionieren

Genesung und spirituelles Wachstum basieren selten auf großen, dramatischen Sprüngen. Sie basieren auf kleinen, beständigen Gewohnheiten, die einem Halt geben, wenn alles andere wackelig erscheint. Die Welt verkauft die Vorstellung, Transformation müsse auffällig oder unmittelbar sein, ein viraler Moment, ein perfektes Gebet, ein einziges Gipfelerlebnis, das alles heilt. Doch das ist eine Lüge, die zu viele Menschen festhält.

Die Wahrheit ist: Um dauerhafte Gewohnheiten zu entwickeln, geht es darum, herauszufinden, was wirklich für einen selbst funktioniert, nicht darum, was bei der Person neben einem oder dem Influencer in den sozialen Medien funktioniert hat. Manche Menschen finden ihre Mitte im Morgengebet oder in der Bibellektüre. Andere finden sie in stiller Meditation, Tagebuchschreiben oder einem Spaziergang durch die Nachbarschaft bei Sonnenuntergang. Vielleicht ist es Musik, Atemübungen oder ein wöchentliches Treffen mit ein paar vertrauenswürdigen Freunden, um ehrlich über das Chaos zu sprechen. Die Form ist nicht so wichtig wie Beständigkeit und Authentizität.

Für spirituelle Flüchtlinge ist dies noch wichtiger. Sie müssen nicht die gleichen Praktiken einer Tradition übernehmen, die Sie verletzt hat. Sie müssen nicht dieselben Kerzen anzünden oder dieselben Worte rezitieren, wenn sie sich wie Ketten statt wie Rettungsleinen anfühlen. Sie können Gewohnheiten entwickeln, die Sie mit dem verbinden, was sinnvoll und heilsam ist. Das Ziel ist nicht, die Formel eines anderen zu kopieren, sondern Raum zu schaffen, in dem Ihre Seele atmen kann.

Gesunde Gewohnheiten sind mehr als nur ein paar Kästchen zum Abhaken – sie sind Lebensadern. Sie bringen dich zurück ins Gleichgewicht, wenn das Chaos des Lebens dich zu erdrücken droht. Sie lehren dich, dass es wichtig ist, da zu sein, auch wenn dir nicht danach ist. Mit der Zeit schaffen diese Rhythmen Stabilität, wo früher Krisen herrschten. Sie programmieren dein Gehirn langsam neu, sodass du darauf vertraust, dass Hoffnung möglich ist. Eine gute Gewohnheit kann dich an einem schlechten Tag nüchtern halten, dich wieder mit der Gemeinschaft verbinden, wenn dich die Scham zur Isolation rät, oder dich daran erinnern, dass Gott nicht verschwunden ist.

Hier sind einige Gewohnheiten, die Sie beim Aufbau Ihrer eigenen Gewohnheiten berücksichtigen sollten:

Dankbarkeitsübung: Schreiben Sie jeden Tag drei Dinge auf, für die Sie dankbar sind, auch an den Tagen, an denen Dankbarkeit unmöglich erscheint.

Täglicher Check-In: Senden Sie einem vertrauenswürdigen Freund oder Mentor eine SMS oder rufen Sie ihn an, um ihm ehrlich mitzuteilen, wie es Ihnen geht.

Stille Besinnung oder Gebet: Nehmen Sie sich fünf Minuten Zeit, um zu atmen, nachzudenken oder mit Gott zu sprechen, auch wenn Sie nur "Hilfe" sagen können.

Heilige Schrift oder heilige Lesung: Lesen Sie eine kurze Passage aus der Heiligen Schrift oder einem anderen bedeutungsvollen Text, nicht als lästige Pflicht, sondern als Nahrung.

Freundliche Taten: Tun Sie jeden Tag eine kleine, bewusste freundliche Tat, auch wenn es niemand bemerkt.

Bewegung: Gehen Sie spazieren, strecken Sie sich oder machen Sie eine einfache Übung, um Körper und Geist wieder in Einklang zu bringen.

Rückblick zum Tagesende: Halten Sie vor dem Schlafengehen inne und achten Sie auf einen Moment, in dem Licht durchbrach, egal wie klein.

Erinnern Sie sich an Ethans Geschichte: Es war keine große Geste, die ihn rettete, sondern ein schief gemachtes Bett, ein Glas Wasser und ein Anruf. Kleine Schritte wie diese können Leben retten.

Und das ist der Punkt: Ihre Gewohnheiten können sich mit der Zeit ändern. Was Ihnen im ersten Jahr der Genesung Halt gibt, kann Ihnen im fünften Jahr nicht mehr nützen. Das ist okay. Es geht darum, immer wieder zu erscheinen, weiter zu experimentieren und sich selbst gegenüber nachsichtig zu sein. Selbst kleine, unvollkommene Gewohnheiten sind Akte des Widerstands gegen die Verzweiflung. Sie sind ein Zeichen dafür, dass Ihr Leben es wert ist, gepflegt zu werden.

Anderen dienen als spirituelle Praxis

Irgendwann in der Genesung und im spirituellen Wachstum reicht es nicht mehr aus, sich nur nach innen zu wenden. Heilung beginnt in dir, bleibt aber nie dort. Anderen zu helfen ist nicht nur ein nettes Extra oder ein Häkchen, sondern eine Lebensader, die dich erdet und dich daran erinnert, dass dein Schmerz einen Sinn bekommen kann.

Dienen durchbricht die Selbstbezogenheit, diese Stimme in deinem Kopf, die sagt, alles sei hoffnungslos oder drehe sich nur um dich. Wenn du jemandem eine Tasse Kaffee einschenkst, eine Mitfahrgelegenheit anbietest, einen Besprechungsraum aufräumst oder einfach jemanden fragst, wie es ihm wirklich geht, erklärst du, dass es in deiner Geschichte nicht nur um deine Wunden geht. Du sagst: "Ich bin Teil von etwas Größerem."

Bei FREE werden wir ständig nach Möglichkeiten gefragt, uns ehrenamtlich zu engagieren. Die Leute melden sich nicht, weil sie Anerkennung suchen oder hören wollen, wie großartig sie sind. Sie melden sich, weil sie wissen, was auf dem Spiel steht. Sie wissen, dass der Dienst an anderen der Weg ist, aus dem eigenen Kopf herauszukommen und die Scham zu verstummen. Flüstern, das sagt, dass sie nicht wichtig sind. Sie wissen, dass es einer der Gründe ist, warum sie nüchtern bleiben. Ich habe Menschen in der frühen Genesungsphase beobachtet, wie sie Tische abwischten, Stühle stapelten oder im Café neue Gäste begrüßten, und ich habe gesehen, wie das Leuchten in ihre Augen zurückkehrte, als ihnen klar wurde: " Das ist wichtig. Ich bin wichtig."

Dienen hilft uns, aus uns selbst herauszukommen. Es zerstört die Illusion, unser Schmerz oder unsere Situation sei einzigartig. Es erinnert uns an unsere gemeinsame Verbundenheit, daran, dass wir alle Wunden tragen, einander brauchen und dass keiner von uns unrettbar ist. Dienen reißt uns aus der Isolation und führt uns zurück in die Menschheitsfamilie, wo die Gnade lebendig und bewegend ist.

Anderen zu dienen, rettet uns tatsächlich. Es geht nicht darum, den eigenen Ruf aufzupolieren oder Gottes Gunst zu gewinnen, sondern darum, Raum für die Gnade zu schaffen. Es ist eine spirituelle Praxis, die deinen Weg vertieft, deine Prioritäten neu zentriert und Wunden heilt, von denen du nicht einmal wusstest, dass du sie noch trägst.

Jesus war ein perfektes Vorbild dafür. Er wusch die schmutzigen Füße seiner Freunde, berührte Menschen, die andere mieden, und speiste Menschenmengen, ohne nach Zeugnissen zu fragen. Er nutzte den Dienst nicht, um seine Würdigkeit zu beweisen, sondern um Liebe zu vermitteln. Wenn wir dienen, spiegeln wir diese radikale Liebe wider.

Dienen muss nicht glamourös sein. Es muss nichts Großes sein. Es kann so aussehen, als würde man nach einer Versammlung Stühle aufräumen, jemandem, der Probleme hat, eine aufmunternde Nachricht schicken oder ein offenes Ohr ohne Vorurteile anbieten. Und hier ist das Geheimnis: Wenn man dient, ist man am Ende oft derjenige, der ein wenig mehr geheilt wird.

Ein Marathon, kein Sprint
Keine Ziellinien bei Genesung oder Glauben

Wenn Sie nach einer schnellen Lösung suchen, wird Ihnen die Genesung das Herz brechen. Der Glaube auch. Weder bietet Ihnen Medaillen für perfekte Anwesenheit noch eine Ziellinie, an der Sie endlich sagen können: "Ich bin angekommen." Das spirituelle Leben und die Genesungsreise sind Marathons ohne letztes Band, das man durchbrechen kann; sie sind lebenslange, sich entwickelnde Wege.

Diese Wahrheit kann frustrierend sein, besonders wenn man erschöpft ist. Wir wollen Meilensteine, die beweisen, dass wir "fertig" sind, dass wir das Chaos überwunden haben. Doch die Realität ist: Es gibt keinen

Endpunkt, an dem das Leben plötzlich schmerzlos oder mühelos wird. Es gibt Strecken, auf denen man sich stark fühlt, und es gibt Hügel, die sich endlos anfühlen. An manchen Tagen fühlt man sich, als würde man sprinten; an anderen Tagen kommt man kaum vorwärts. Beides zählt. Vorwärts ist vorwärts.

Für Süchtige, ihre Angehörigen und spirituelle Flüchtlinge ist dies befreiend, wenn man es zulässt. Sie müssen nicht unter dem Druck der Perfektion leben oder befürchten, dass ein Stolperstein Ihren Fortschritt zunichtemacht. Rückfälle, Zweifel oder Rückschläge disqualifizieren Sie nicht, sie erinnern Sie daran, dass das Rennen weitergeht und Sie noch dabei sind. Es gibt keine Anzeigetafel, keine Medaillen für die sauberste Geschichte. Was zählt, ist, dass Sie immer wieder da sind, einen Schritt nach dem anderen. Und wenn Sie immer wieder da sind, passiert etwas Mächtiges: Sie beginnen, das Geschenk weiterzugeben. Ein zentrales Prinzip der Genesung lehrt uns, dass man das Geschenk weitergeben muss, um es zu behalten. Ihre Anwesenheit, Ihre Geschichte und Ihre Hilfsbereitschaft werden zu Lebensadern für andere, die sich noch nicht sicher sind, ob es Hoffnung gibt. Jedes Mal, wenn Sie da sind – sei es, um Kaffee einzuschenken, eine Umarmung anzubieten oder einfach nur zuzuhören – halten Sie Ihre eigene Hoffnung am Leben, indem Sie sie in jemand anderen pflanzen.

Denken Sie an Langstreckenläufer: Sie gehen ihr Tempo selbst ein, trinken ausreichend und ruhen sich aus, wenn sie es brauchen. Sie verausgaben sich nicht beim Sprinten. Genauso müssen Sie weder bei der

Genesung noch bei der Spiritualität "gewinnen", Sie müssen nur dranbleiben. Feiern Sie die kleinen Erfolge: den Tag, an dem Sie sich entschieden haben, auf andere zuzugehen, anstatt sich zu isolieren, den Moment, in dem Sie sich selbst etwas schneller vergeben haben, die Grenzen, die Sie eingehalten haben, auch wenn es wehgetan hat.

Und darin liegt die Gnade: Gott geht diesen Marathon mit Ihnen. Selbst wenn Sie zweifeln, selbst wenn Sie wütend oder gefühllos sind, selbst wenn Sie auf Händen und Knien kriechen, sind Sie auf der Strecke nicht allein. Die Hoffnung wartet nicht an der Ziellinie auf Sie, sie läuft jetzt neben Ihnen her.

Reflexionsfragen zu Kapitel 12

Kleine Anfänge: Denken Sie an Ethans Geschichte, wie er sein Bett machte, Wasser trank und einen Anruf tätigte. Welche kleine, einfache Gewohnheit könnten Sie heute beginnen, die Ihnen Halt gibt, wenn das Leben Sie überfordert?

Gewohnheiten, die Ihnen Halt geben: Welche spirituellen oder praktischen Praktiken haben Ihnen in der Vergangenheit geholfen, sich geerdet zu fühlen? Gibt es Gewohnheiten, die Sie aus Angst, Scham oder aufgrund religiöser Erfahrungen vermieden haben? Wie könnte das Experimentieren mit neuen oder neu gedachten Gewohnheiten für Sie jetzt aussehen?

Helfen als Überleben: Erinnern Sie sich an eine Zeit, in der Sie durch die Hilfe für jemand anderen Ihre Perspektive verändert oder Ihren Schmerz gelindert haben. Wie könnte Ihnen die Hilfe, selbst im kleinen Rahmen, heute Heilung bringen?

Marathonmentalität: Wo sind Sie versucht, auf Ihrer Genesungs- oder spirituellen Reise nach einer Ziellinie zu suchen? Was würde es bedeuten, dies als Marathon statt als Sprint zu betrachten und weiterzumachen, auch wenn der Fortschritt langsam oder unsicher erscheint?

Kapitel 13
Langfristig im Spiel bleiben

Der lange Bogen der Heilung

Caleb hatte seit fünfzehn Jahren nicht mehr gebetet. Nicht seit der Nacht, als er aus einer Versammlung im Keller einer Kirche stürmte und schwor, nie wieder einen religiösen Ort zu betreten. Zu viele gebrochene Versprechen, zu viele Seitenblicke, zu viele Predigten, die sich wie Anschuldigungen anfühlten. Glaube war für Caleb ein Spiel für Leute, die ihn besser vortäuschen konnten als er.

Doch die Sucht kann einen Menschen völlig aushöhlen. Nach einem weiteren Rückfall, einem weiteren Jobverlust und einem weiteren Freund, der seine Anrufe nicht mehr erwiderte, saß Caleb eines Dienstagabends in einem Selbsthilfetreffen und versuchte, niemandem in die Augen zu sehen. Im Raum herrschte lautes Gelächter und Kaffeetassenklirren, doch der Klang war fremd. Als die Leute sich austauschen wollten, sprach eine Frau auf der anderen Seite des Kreises mit einer Ehrlichkeit, die Caleb nicht kannte. Sie beschönigte ihren Schmerz nicht. Sie tat nicht so, als hätte sie alles im Griff. Sie sagte: "Ich war fertig. Völlig fertig. Doch die Gnade begegnete mir an einem Ort, den ich nicht erwartet hatte. Es war nicht die Gnade geschliffener Predigten oder perfekter Menschen. Es war die Gnade eines Telefonanrufs um Mitternacht und einer fremden Person, die sagte: ‚Du bist nicht allein.'"

Etwas öffnete sich in Caleb. Es war kein grelles Licht oder eine dröhnende Stimme aus dem Himmel. Es war leise, wie eine Tür, die sich nach Jahren wieder öffnet. Er betete nicht in dieser Nacht, blieb aber nach dem Treffen, um beim Stapeln der Stühle zu helfen. Und als ihn am nächsten Morgen jemand zum Kaffee einlud, sagte er zu, obwohl er am liebsten weggelaufen wäre. Dieser Kaffee führte zu einem weiteren Treffen, das zu einem Abend führte, an dem Caleb zum ersten Mal seit Jahren ein unbeholfenes, unbeholfenes Gebet flüsterte.

Caleb fand in dieser Nacht keine Religion. Was er fand, war ein Funken Glauben, das Gefühl, dass Gott ihn vielleicht doch nicht verlassen hatte. Die Genesung war für ihn die Tür zurück zu einer spirituellen Verbindung, die er für immer verloren geglaubt hatte. Es war nicht einfach und es kam nicht sofort. Aber es war real. Und real genug, um neu anzufangen.

Calebs Geschichte ist kein Einzelfall. Es ist das stille Wunder, das sich jeden Tag in Aufwachräumen, Cafés und geflüsterten Gesprächen ereignet. Der lange Weg der Heilung verläuft selten geradlinig. Er gleicht eher Kritzeleien auf einer Seite, Fortschritten und Rückschlägen, Tränen und Lachen, Momenten der Gnade, verborgen in gewöhnlichen Tagen. Heilung ist chaotisch, und doch bricht gerade in diesem Chaos immer wieder Hoffnung durch.

Allzu oft stellen wir uns Genesung oder spirituelles Wachstum als eine Reihe klarer Meilensteine vor: nüchtern werden, Glauben finden, die Trümmer beseitigen, glücklich bis ans Ende unserer Tage leben. Doch das Leben verläuft nicht wie eine klare Geschichte. Der lange Bogen der Heilung erstreckt sich über Jahre, manchmal Jahrzehnte. Es wird Zeiten geben, in denen sich der Glaube lebendig und elektrisierend anfühlt, und Zeiten, in denen er still ist. Es wird Phasen geben, in denen sich die Nüchternheit stabil anfühlt, und andere, in denen die Versuchung lauter denn je flüstert.

Nicht Perfektion, sondern Beharrlichkeit macht den Unterschied. Heilung bedeutet nicht, niemals zu fallen, sondern sich zu weigern, liegen zu bleiben. Es geht darum, Stühle zu stapeln, wenn man lieber weglaufen würde, ans Telefon zu gehen, wenn man sich schämt, unbeholfene Gebete zu sprechen, wenn man sich nicht mehr sicher ist, ob man es noch glaubt. Auf lange Sicht geht es darum, immer wieder aufzutauchen und darauf zu vertrauen, dass selbst kleine mutige Taten zu einer Transformation führen.

Für Süchtige, ihre Angehörigen und spirituelle Flüchtlinge ist diese Wahrheit wichtig. Vielleicht befinden Sie sich in einer Durststrecke, in der Gott Ihnen fern erscheint. Vielleicht bauen Sie nach einem Rückfall oder jahrelangen Zweifeln an Ihrem Wert wieder Vertrauen auf. Vielleicht haben Sie sich völlig vom Glauben abgewandt und blicken erst jetzt wieder durch die Tür. Sie sind nicht disqualifiziert. Der lange Bogen der Heilung ist breit genug, um Ihre Geschichte zu fassen.

Der lange Bogen erinnert uns auch daran, dass Gnade keine einmalige Sache ist, sondern ein ständiger Begleiter. Der Gott, der den verlorenen Sohn in seiner

Ferne willkommen hieß, ist derselbe Gott, der bei jedem Rückfall, jeder Träne und jeder zögerlichen Rückkehr wartet, begleitet und flüstert. Gnade verlangt nicht, dass man alles im Griff hat. Sie fordert uns lediglich auf, weiterhin, wie klein auch immer, Schritte in Richtung einer Verbindung mit Gott, mit uns selbst und mit anderen zu unternehmen.

Sich selbst einschätzen
Burnout und Isolation vermeiden

Burnout ist einer der stillen Killer von Genesung und Selbstvertrauen. Es kündigt sich meist nicht mit einem Knall an, sondern schleicht sich langsam ein. Es zeigt sich als Erschöpfung, die man nicht abschütteln kann, als Groll gegenüber den Menschen, die man eigentlich lieben möchte, oder als das leise Gefühl, dass alles sowieso nichts bedeutet. Wenn man erschöpft ist, erscheint Isolation verlockend. Sich zurückzuziehen fühlt sich sicherer an, als weitere Enttäuschungen zu riskieren.

Doch Isolation ist gefährlich. Sucht, Verzweiflung und Scham gedeihen im Dunkeln. Wenn man sich zu weit von Bindungen entfernt, werden die alten Lügen lauter: Du bist allein. Niemand kümmert sich. Du wirst dich nie ändern. Sich selbst zu zügeln ist keine Schwäche, sondern Weisheit. Es bedeutet zu wissen, dass man nicht jedes Problem lösen, jeden Menschen retten oder jede Veranstaltung besuchen kann, ohne sich irgendwann selbst zu zerstören.

Bei FREE sprechen wir viel über Ausgewogenheit. Es ist verlockend, sich – besonders nach anfänglicher Hoffnung – auf jede Gelegenheit zu stürzen, bei jedem Treffen mitzuhelfen, jeden Anruf anzunehmen und derjenige zu sein, der niemals Nein sagt. Doch sich zu übernehmen, ehrt weder die Mission noch die eigene Heilung. Gesunde Grenzen sind nicht egoistisch, sondern heilig. Sie ermöglichen es Ihnen, langfristig präsent zu bleiben.

Sich selbst zu zügeln, bedeutet auch, Ruherhythmen zu entwickeln. Finden Sie Momente zum Durchatmen, Lachen und für Dinge, die Ihre Seele baumeln lassen. Informieren Sie einen vertrauenswürdigen Freund oder Mentor, wenn Sie am Ende Ihrer Kräfte sind. Melden Sie sich, bevor das Burnout zu einer Spirale wird. Ruhe bedeutet nicht aufgeben; es bedeutet, sich daran zu erinnern, dass Sie ein Mensch sind.

Und wenn du den Drang verspürst, dich zu isolieren, wenn dir die Scham sagt, dass du zu kaputt oder zu müde bist, widerstehe dem Drang, zu verschwinden. Genau in dem Moment, in dem du dich zurückziehen willst, brauchst du Gemeinschaft am meisten. Bleibe für andere da, auch wenn es nicht perfekt ist. Selbst wenn du nur still auf einem Stuhl sitzen und zuhören kannst.

Weitergabe
Hoffnungsträger in einer leidenden Welt

Eine der tiefsten Wahrheiten der Genesung ist: Um das Geschenk zu behalten, muss man es weitergeben. Hoffnung ist nicht dazu da, gehortet zu werden. Sie wächst, wenn man sie teilt. Wenn man durch die Dunkelheit gegangen ist und auch nur einen Funken Licht gefunden hat, trägt man etwas in sich, das die Welt dringend braucht.

Um Hoffnung weiterzugeben, braucht es weder eine Kanzel noch eine perfekte Geschichte. Man muss nicht alle Antworten haben oder ein geschliffenes Zeugnis. Hoffnung findet man in den stillen Entscheidungen: zum Telefon greifen, um nach jemandem zu sehen, sich bei einem Meeting neben einen Freund zu setzen oder einfach die Wahrheit über die eigenen Narben zu sagen. Manchmal ist die kraftvollste Predigt eine zitternde Stimme, die sagt: "Ich auch. Ich habe das schon erlebt."

Bei FREE habe ich Menschen beobachtet, die einst schworen, nichts zu bieten zu haben, und die dann zu denen wurden, die andere zusammenhalten. Ein Typ, der dachte, er sei nicht mehr zu retten, steht jetzt jede Woche an der Tür und begrüßt Neuankömmlinge. Eine Frau, die sich einst selbst hasste, kocht jetzt den Kaffee, der unsere Gespräche befeuert. Keiner von ihnen wollte ein Held sein, sie kamen einfach immer wieder und ließen die Gnade durch ihre alltäglichen Taten wirken.

Diese Art der Weitergabe ist nicht glamourös. Sie wird weder Schlagzeilen machen noch Beifall ernten. Aber sie hält Gemeinschaften am Leben. Sie durchbricht den Kreislauf der Verzweiflung. Wenn man für andere da ist, erinnert man sie und sich selbst daran, dass Hoffnung real ist.

Und an die Angehörigen von Süchtigen: Eure Geschichte ist genauso wichtig. Die Nächte, die ihr an die Decke gestarrt habt, die Gebete, die ihr unter Tränen geflüstert habt, die Grenzen, die ihr gesetzt habt, selbst als es euch das Herz brach – all das ist nicht umsonst. Es gibt da draußen eine andere Mutter, einen anderen Bruder oder Partner, der sich genauso hilflos, genauso wütend, genauso beschämt fühlt. Wenn ihr die Wahrheit ausspricht, gebt ihr ihnen ein Rettungsanker. Ihr erinnert sie daran, dass sie nicht allein sind, dass ihr Schmerz kein Beweis für ihr Versagen ist und dass Liebe, selbst wenn sie verletzt und angeschlagen ist, immer noch eine heilende Kraft sein kann. Eure Solidarität mit anderen geliebten Menschen kann ihnen Halt geben, wenn die Last unerträglich erscheint.

Die Welt ist voller Spaltung, Verzweiflung und Lärm. Süchtige, ihre Angehörigen und spirituelle Flüchtlinge wissen das besser als die meisten anderen. Doch wenn wir uns entscheiden, Hoffnungsträger zu sein, wenn wir Freundlichkeit dort zeigen, wo Verurteilung herrscht, Präsenz dort, wo Verlassenheit herrscht, und Ehrlichkeit dort, wo Lügen herrschen, dann beweisen wir, dass ein anderer Weg möglich ist.

Deine Narben können zum Überlebensratgeber für andere werden. Deine Geschichte, unvollkommen und unvollendet, könnte genau das sein, was einen anderen Menschen heute Nacht am Leben hält. Du musst sie nicht heilen. Du musst sie nicht retten. Du musst nur da sein und das anbieten, was dir einst angeboten wurde: die Gewissheit, dass niemand allein gehen muss.

Schlussvision
Das Wrack und das Wunder

Schauen Sie sich um, diese Welt ist chaotisch. Sucht hinterlässt Trümmer: zerbrochene Familien, leere Bankkonten, zerstörtes Vertrauen und stille Scham, die sich hinter höfliches Lächeln verbirgt. Auch Glaubensgemeinschaften haben ihre eigenen Trümmer, Wunden, die durch Verurteilung, Ausgrenzung und Schweigen verursacht wurden. Das Chaos ist unbestreitbar. Aber auch hier gibt es etwas Wunderbares. Es liegt darin, dass die Menschen selbst in all den Trümmern weiterhin füreinander da sind. Sie sind immer noch da, selbst verletzt und verängstigt. Sie wählen weiterhin Liebe statt Bitterkeit, Gnade statt Scham und Verbundenheit statt Isolation.

Das Wunderbare liegt in der Runde der Menschen, die sich bei einem Treffen an den Händen halten, in der Umarmung eines Menschen, der sich für unantastbar hielt, in der Tasse Kaffee, die zwei Menschen miteinander teilen, die sich gestern noch fremd waren. Es liegt in dem Moment, in dem jemand flüstert: "Ich auch", und jemand anderes erkennt, dass er nicht verrückt, nicht allein und nicht unrettbar ist.

Nicht die Trümmer haben das letzte Wort. Gnade hat es. Mitgefühl hat es. Gemeinschaft hat es. Gott hat es. Der Gott, der dem verlorenen Kind entgegeneilte, eilt uns immer noch entgegen, dir, gerade jetzt. Und Gott wartet nicht darauf, dass du dich reinigst oder deine Theologie perfektionierst. Gott begegnet dir inmitten der Trümmer und fordert dich heraus, daran zu glauben, dass Wunder wieder möglich sind.

Dies ist eine Einladung: Sei weiterhin da. Sag weiterhin die Wahrheit. Baue weiterhin Gemeinschaften auf, in denen niemand allein sein muss. Wähle die kleinen Schritte, die zu Verbundenheit führen. Erinnere andere daran, dass Verzweiflung nicht die Zukunft bestimmt. Denn das Wunder liegt nicht irgendwo weit weg, es ist hier, verstreut zwischen den Trümmern, und wartet darauf, von uns bemerkt zu werden.

Reflexionsfragen zu Kapitel 13

Der lange Bogen der Heilung: Wo in Ihrem Leben müssen Sie die langsame, chaotische und fortlaufende Natur der Heilung akzeptieren, anstatt sofortige Ergebnisse zu fordern?

Burnout und Balance: Wie können Sie Ihr Tempo verbessern, um Burnout oder Isolation zu vermeiden? An wen könnten Sie sich wenden, um Unterstützung zu erhalten?

Hoffnung weitergeben: Wer in Ihrem Leben muss Ihre Geschichte vielleicht hören, nicht als geschliffene Rede, sondern als Rettungsanker der Solidarität und Gnade?

Das Wunderbare in den Trümmern erkennen: Wenn Sie die zerstörten Orte um Sie herum betrachten, wo können Sie auch Wunder erkennen, kleine Zeichen der Gnade und Verbundenheit, die Sie einladen, weiterzumachen?

www.ingramcontent.com/pod-product-compliance
Lightning Source LLC
LaVergne TN
LVHW051100080426
835508LV00019B/1979